99×

RHEIN-MAIN-GEBIET

wie Sie es noch
nicht kennen

Astrid Biesemeier

BRUCKMANN

Inhalt

Vorwort

Sie haben Lust, etwas Neues, Besonderes zu entdecken, den Wunsch, Bereicherndes, Inspirierendes oder Entspannendes zu unternehmen? Ganz gleich, ob Sie schon länger in Frankfurt oder im Rhein-Main-Gebiet wohnen, kürzlich zugezogen sind oder als Tourist ins Zentrum Deutschlands kommen: *99 x Rhein-Main-Gebiet, wie Sie es noch nicht kennen*, will Ihnen dabei helfen, besondere Orte und ihre Geschichten in Deutschlands Mitte zu entdecken. Das sind neue, unbekannte(re) und auch solche, die man zu kennen meint, an denen aber noch Überraschendes darauf wartet, entdeckt zu werden.

Sowohl Frankfurt, dem rund 50 Orte des Buches gewidmet sind, wie auch das übrige Rhein-Main-Gebiet sind wahre Schatzkisten. Sie verbinden Geschichte und Gegenwart auf's Schönste und stecken voller Überraschungen. Ob Kultur oder Natur, Wellness oder Kulinarisches, Architektur oder Spiel und Spaß: In der aufregenden kleinen Großstadt Frankfurt und der ungeheuer vielfältigen Region ist es fast egal, was man sucht, denn die Chancen, dass man es findet, stehen ziemlich gut. Sie erfahren beispielsweise, wo Sie für ein bis vier Euro Glück kaufen oder Minigolf einmal anders spielen können, wo Sie der Insel Capri oder Pompeji ganz nah sein oder wo Sie am stilvollsten saunieren oder baden können. Besuchen Sie einen der märchenhaftesten Aussichtspunkte der Region oder lernen Sie einen Weinkeller mit Kunstgenuss kennen.

(Gemeinsame) Zeit und Erlebnisse sind das Schönste, was wir anderen Menschen schenken können. Einige der 99 Orte eigenen sich wunderbar als Geschenk für Familie, Verwandte, Freunde, Nachbarn oder auch mal für Geschäftspartner oder Kollegen. Wie dieses Büchlein übrigens auch.

Viel Freude beim Entdecken!
Astrid Biesemeier

01 Einmal durch die Frankfurter Geschichte steigen

Im Historischen Museum kann man übereinandergeschichtete und durcheinandergemischte Epochen sehen, durch mehre Jahrhunderte hindurch bis ins 18. Jahrhundert gucken oder hören, wie die Zeit in früheren Jahrhunderten klang. Dazu muss man nur die historische Wendeltreppe im mittelalterlichen Rententurm erklimmen.

Seit 2012 ist der zwischen 1454 und 1456 erbaute Rententurm, einst Teil der Stadtmauer, zum ersten Mal in seiner Geschichte für Publikum zugänglich. Auf- und Abstieg über die Wendeltreppe aus Basalt werden zu einer besonderen Frankfurt-Geschichtsstunde. Denn mit der Sanierung des Rententurms wurden verschiedene Steinschichten freigelegt.

Da durch die Jahrhunderte hindurch immer wieder an dem Bau gewerkelt wurde, wird an den verschiedenen Steinschichten auch ein Stück Stadt-

geschichte ablesbar. Man sieht nicht nur mittelalterliches Mauerwerk, sondern auch die Trümmersteine, mit denen nach dem Zweiten Weltkrieg die Stadt wieder aufgebaut wurde. Denn nach der Zerstörung wurden auch die Häuserreste der in Schutt und Asche liegenden Altstadt verwertet und zu neuen Steinen verarbeitet. Für diese Steingewinnungspraxis wurde sogar eigens eine Trümmerverwertungsgesellschaft gegründet.

Im ersten Obergeschoss ist nicht nur ein wunderschönes historisches Uhrwerk zu bestaunen, sondern hier kann man auch Zeitsignale aus dem 16. bis 18. Jahrhundert erklingen lassen und sich dabei klarmachen, dass solche Zeichen wichtige Zeitorientierungspunkte waren. Uhren hatten die Menschen damals noch nicht, ganz zu schweigen von Mobiltelefonen mit Zeitanzeige. Wie das Leben am Fluss aussah, kann man ein Stockwerk höher erspähen: Blickt man durch die vier Bildfernrohre, sieht man mittels Gemälde und Stiche bis ins 18. Jahrhundert – und gleich daneben, durch die Fenster des besonders schön restaurierten Rententurms, auf das heutige Frankfurt.

Historisches Museum Frankfurt · Fahrtor 2 · 60311 Frankfurt am Main · Tel.: 069 21235154
www.historisches-museum-frankfurt.de · ÖPNV: U-Bahnhof Dom/Römer, Straßenbahnhaltestelle
Römer/Paulskirche

Gesumm in luftiger Höhe

*Dass das Museum für Moderne Kunst herausragende Werke prä-
sentiert, ist bekannt. Dass die Architektur des Museums nach Ent-
würfen des Wiener Architekten Hans Hollein spektakulär ist, ebenso.
Dass vom Dach des Museums inzwischen auch ein hervorragender
Honig kommt, wissen eher wenige.*

Ein kurzer Trip aufs Dach des MMK mit der Stadtimkerei »finger« ist für
Leib und Leben ungefährlich, da es Schutzschleier gibt. Allerdings könnte
dabei durchaus der Wunsch entstehen, Imker zu werden. So begeistert erzählt Andreas Wolf von der Stadtimkerei über seine Passion. Allein auf dem
Dach des MMK leben in zwölf Bienenstöcken fast so viele Bienen, wie
Frankfurt Einwohner hat: etwa 650 000. Auch wenn die Bienen für ihren
erstklassigen Platz auf dem MMK-Dach mit Blick auf die Skyline hinnehmen
müssen, dass ihr Zuhause ein Lehrpfad ist, ist das Bienendasein in der Stadt
verglichen mit dem auf dem Land wegen der dortigen Monokulturen, Pes-
tizide und Parasiten das reinste Honigschlecken. Denn in der Stadt blüht
und sprießt immer irgendetwas. Und das Thema Lehrpfad dürfte für die
Bienen zu verkraften sein, ist es doch eigentlich in ihrem Sinn: Bunte Tafeln
auf den zehn Bienenkästen informieren unter anderem über die Zusammenhänge von Ökonomie, Stadtklima, Flugkreis der Bienen, Lebenszyklus
einer Arbeiterin, Bestäubungsleistung, Bienensterben, Varroamilben und
Honiggewinnung. Und zwischen den von den Imkern und Künstlern Florian
Haas und Andreas Wolf initiierten Bienenführungen und Workshops liegen
für die Bienen meist ein paar störungsfreie Wochen.

»Das Nachdenken über Tiere und ihre Umwelt ist immer auch ein Nachdenken über den Menschen und dessen Kultur«, findet Andreas Wolf. In
puncto Bienen verwundert dies nicht, gelten sie neben Ameisen doch als
Sinnbild für eine Gesellschaft, die mit sich im Einklang ist. Die Königin legt
Ei um Ei, Arbeiterinnen pflegen den Nachwuchs oder schaffen Nahrung
heran, und die männlichen Drohnen warten auf ihren Hochzeitsflug.

Museum für Moderne Kunst · Domstraße 10 · 60311 Frankfurt am Main · Tel.: 069 21240691
(Führungen) · ÖPNV: U-Bahnhof Dom/Römer, Straßenbahnhaltestelle Römer/Paulskirche

03 Ein Dichterleben auf 120 Stufen

Theodor W. Adorno konnte ihn bereits als Fünfjähriger zitieren. Und auch Elias Canetti hatte ein »Stoltze-Erlebnis«. Heute ist der Dichter nicht mehr allen bekannt, aber wenn man ihn erst mal entdeckt hat, sogar bei Nichtfrankfurtern beliebt. Ein Renaissance-Turm ist dem Andenken an diesen Frankfurter gewidmet.

»Daß ich zu em Dichter bin warn, hat mei Schwester zu verantworte! Ich wäsch mei Händ in Unschuld.« Dieses Zitat zeugt schon vom Humor des Frankfurter Mundartdichters Friedrich Stoltze (1816–1891). Auf 120 Stufen, entlang eines Zeitstrahls, kann man in dem kleinen Turm im Schönborner Hof sein Leben erkunden: Stoltze war Dichter, Journalist und gründete die freiheitlich-demokratisch orientierte Wochenzeitung *Frankfurter Latern*. Wenn man durch das Treppenhaus geht, versteht man, dass er sich zu Lebzeiten nicht bei allen mit seinen humoristischen, satirischen und kritischen Texten beliebt machte – auch wenn heute die Einheimischen und »Eingeplackten«, die ihn entdeckt haben, gern über ihn lachen.

▶ Ein Denkmal für Stoltze, der für sein Engagement für Demokratie und Freiheit sogar zeitweilig ins Exil musste, steht nahe der Katharinenkirche: der Friedrich-Stoltze-Brunnen mit einer Büste des Frankfurter Mundartdichters.

Einem, der nicht über ihn lachen konnte, weil er selbst Zielscheibe von Stoltzes satirischen Schriften war, begegnet man hier auch: Otto von Bismarck. Er war Stoltzes Hauptgegner und ließ ihn sogar von der Zensur verfolgen. Und so, wie sich Stoltzes und Bismarcks Verbindung hier darstellt, kann man davon ausgehen, dass der »Eiserne Kanzler« und Preuße für folgende, wunderbar lokalpatriotische Zeilen Stoltzes nicht zu erwärmen war. Dabei sind sie die charmanteste überlieferte Liebeserklärung in Mundart an Frankfurt, die es überhaupt gibt: »Es is kaa Stadt uff der weite Welt, / die so merr wie mei Frankfort gefällt, un es will merr net in mein Kopp enei:/ wie kann nor e Mensch net von Frankfort sei! / Un wär'sch e Engel un Sonnekalb.«

Stoltze-Museum · Töngesgasse 34–36 · 60311 Frankfurt am Main
Tel.: 069 264140 06 · ÖPNV: S- und U-Bahnhof Hauptwache

1862

1860

ANFANG
IM UNTERGESCHOSS

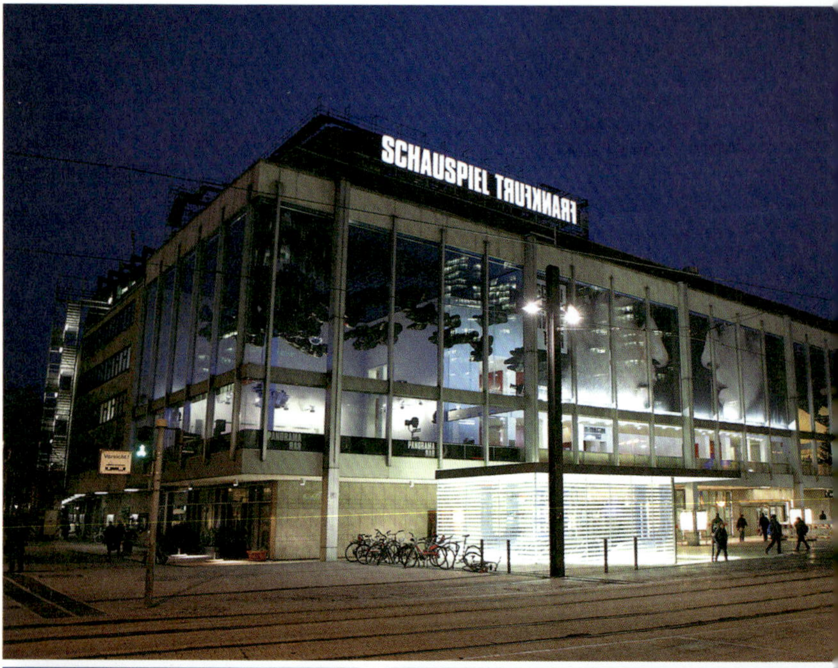
SCHAUSPIEL FRANKFURT

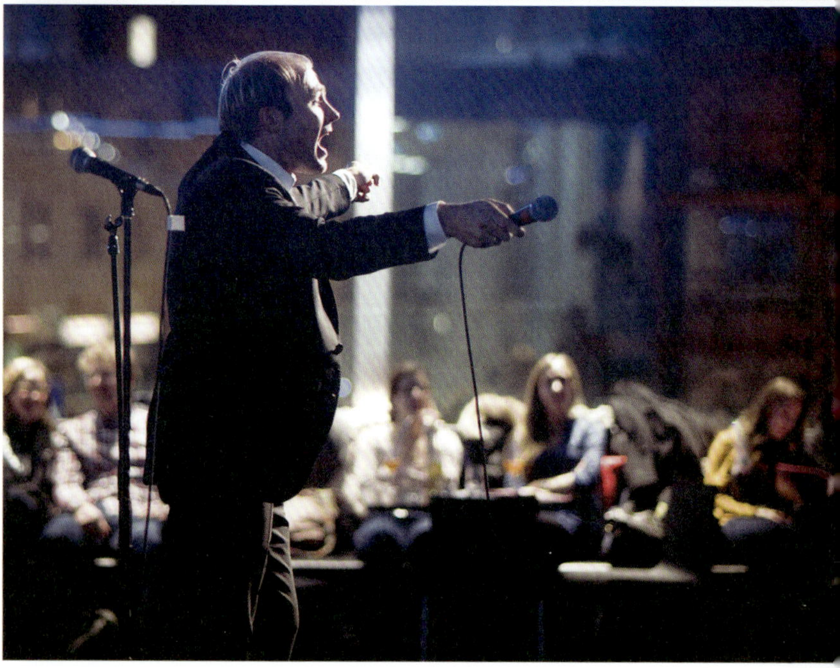

Bühne frei fürs Publikum!

Im Schauspiel Frankfurt am Willy-Brandt-Platz wird Sprechtheater gegeben – das weiß jeder. Dass man sich hier aber bei einem Karaoke-Abend in der Panoramabar selbst die Seele aus dem Leib singen kann, ist noch relativ unbekannt. Dabei hat sich »Karaoke mit Pütti« zu einer Veranstaltung mit Kultcharakter entwickelt.

Schüler und Senioren, Studenten und Banker finden sich mehrmals im Jahr in der Panoramabar zusammen, um das Schauspiel Frankfurt mal von einer ganz anderen Seite zu erleben – jenseits ehrwürdiger Klassiker oder unbekannter neuer Stoffe. Das Vorurteil, dass Theater etwas elitär wäre, immer leicht anstrengend und irgendwie intellektuell, hält sich ja hartnäckig. Doch wenn aus dem Ensemblemitglied Christoph Pütthoff »Pütti« wird, wird das Schauspiel Frankfurt zur Karaoke-Bar. Dann werden auch ein paar Rollen getauscht: Denn das Publikum darf und soll hier natürlich mitmachen. Bei »Püttis Karaoke« ist das Mikrofon für alle offen. Denn wenn auch Pütti selbst herzzerrei-

▶ **Wer sich für den großen Auftritt stärken möchte, kann das auf der anderen Mainseite im Gemalten Haus, Schweizer Straße 67, tun. Die Köche siegten schon beim Grüne-Soße-Festival.**

ßend singt und tanzt, animiert er das Publikum, es ihm gleichzutun. Dafür muss niemand Schiller, Shakespeare oder Goethe kennen. Die Textgeber heißen hier Heintje, Elton John oder Gloria Gaynor. Statt Tragödien oder Komödien vergangener Jahrhunderte stehen Schlager aus Rock und Pop, von den 1960er-Jahren bis heute auf dem Programm. Und auch da geht es manchmal – den großen Theaterstücken gar nicht unähnlich – um letzte Worte oder Liebesschwüre.

Anders als in den Bühnenräumen üblich darf man während der Show auch etwas trinken. Da Pütti natürlich auch noch immer Christoph Pütthoff ist, der auf der Theaterbühne in andere Rollen und fremde Welten schlüpft, findet »Karaoke mit Pütti« abhängig vom Spiel- und Probenplan statt. Über die Website erfahren Sie mehr über die Termine dieser Kult-Veranstaltung.

Schauspiel Frankfurt · Neue Mainzer Straße 17 · 60311 Frankfurt am Main · Tel.: (069) 212370 00
www.schauspielfrankfurt.de · ÖPNV: U-Bahnhof Willy-Brandt-Platz

Einlochen mit Spaßfaktor

Neun von Künstlern gestaltete Minigolfbahnen machen Minds on Minigolf zur kreativsten Minigolfanlage Frankfurts. Falls es mal mit dem Einlochen nicht so recht klappt, bleibt doch die Freude über diese hübsche Idee. Dass hier gegen sämtliche Minigolfnormen und -vorschriften verstoßen wird, sorgt eher für zusätzlichen Spaß.

Irgendwo klingt es nach schepperndem Porzellan, in einer Ecke liegt ein überdimensionales Kuschelmonster mit mehreren Armen, und an einer anderen Stelle sitzen Gäste auf einer Matratze. Minigolfbälle versenken mal ganz anders.

Die mit Gläsern, Tellern und Blumenvasen gedeckte Tafel, das Maul des freundlichen Kuschelmonsters oder auch die Matratze in einem unaufgeräumten Zimmer sind Teil eines Minigolfparcours, der sich fröhlich über die üblichen Normen hinwegsetzt – auch wenn es mal von der Festtafel her gefährlich scheppert. Statt der eigentlich vorgeschriebenen 18 Bahnen mit ihren ebenfalls vorgeschriebenen Hindernissen aus Beton oder Sandstein müssen bei Minds on Minigolf Bälle in einer schwarzen Kloschüssel oder unter einem Schrank hindurch versenkt oder aber das Gleichgewicht auf einem Skateboard gehalten werden.

Keine Frage, dieser Indoor-Minigolfplatz ist der kreativste in ganz Frankfurt. Dabei wurde diese 430 Quadratmeter große Spiel- und Spaßfläche im vierten Stock der Zeilgalerie aus der Not geboren. Erfinder Michael Scharff wollte im Winter Minigolf spielen. Bloß wo? Draußen war es zu kalt. Ein Indoor-Platz musste geschaffen werden. Den zu organisieren, nahm er selbst in die Hand. Kreative Freunde und Bekannte steuerten Ideen bei. Bei Material, Konzept und Schwierigkeitsgrad hatten die Macher freie Hand – unter ihnen beispielsweise Thomas Breem und Anne Krieger, Yara Dobra, Fidschi und Ollanski. Das Ergebnis dieser Freiheit dürfte auch all jenen Spaß machen, für die Minigolf eigentlich nur noch eine verdrängte Erinnerung an frühere Urlaube mit den Eltern ist.

Minds on Minigolf · Zeil 112 · 60313 Frankfurt am Main · Tel.: 069 95860447
www.mindsonminigolf.de

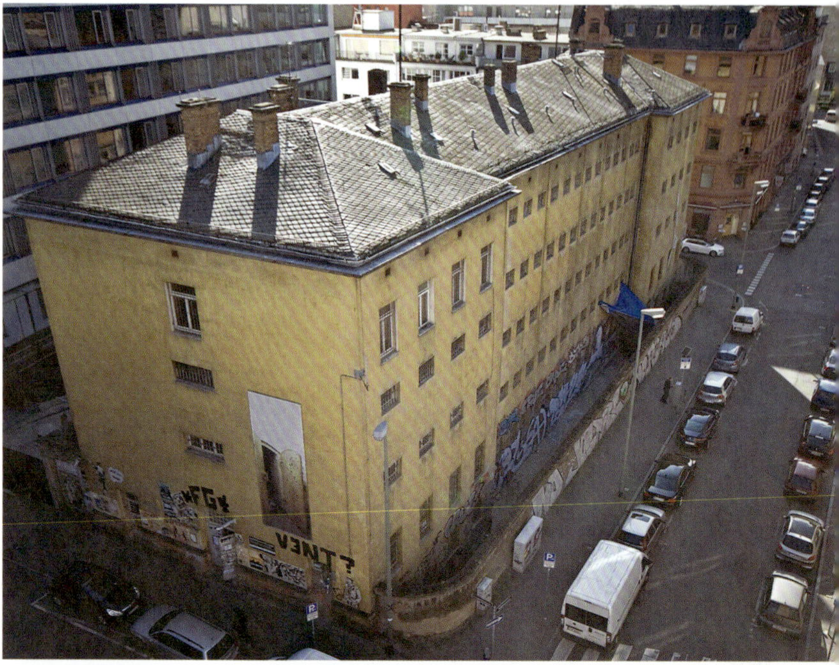

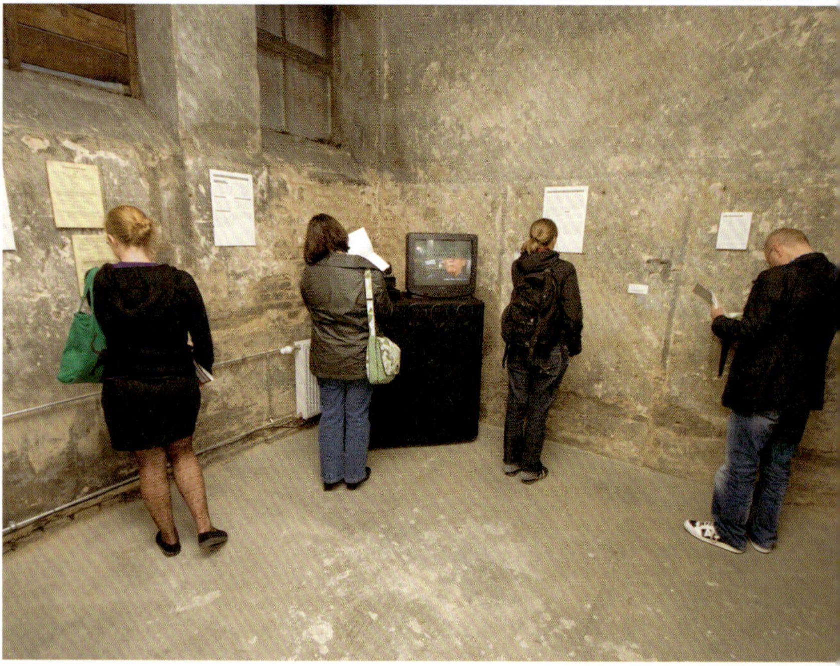

Ein dunkles Kapitel Frankfurter Geschichte erkunden

Das ehemalige Polizeigefängnis Klapperfeld liegt versteckt zwischen Gericht und Zeil. Hier kann man einen Teil der fast vergessenen Geschichte Frankfurts entdecken. Seit die Kulturinitiative »Faites votre jeu!« aus Bockenheim ins Klapperfeld umzog, arbeitet sie an der Aufarbeitung der Geschichte dieses Hauses.

»Ich schrie die Wände hatten keine Ohren Ich schrie weiter«, ist an einer der grauen Wände zu lesen. Heute können diese Wände immerhin erzählen, weil sie »Zuhörer« bekommen. Die Initiative »Faites votre jeu!« hat nämlich das ehemalige Polizeigefängnis Klapperfeld für die Öffentlichkeit zugänglich gemacht. Und so sieht man an diesem trost- und hoffnungslosen Ort zahllose, auf die Wände geschriebene oder geritzte Botschaften, Ausdruck von Durchhaltewillen, Verzweiflung, Wut und Resignation. Jede Notiz oder Botschaft ist eine Erinnerung an ehemalige Häftlinge und frühere Besucher.

▶ **Wer nach diesem dunklen Ort in heimeliger Atmosphäre etwas essen und trinken möchte: Das Café Maingold ist nicht weit entfernt: Zeil 1, www.cafe-maingold.de.**

Seit das Gebäude im Jahr 1886 fertiggestellt wurde, diente es bis 2001 immer der Unterdrückung von Menschen. Zuerst war es ein preußisches Polizeipräsidium, danach ein Gestapo-Gefängnis, und nach dem Zweiten Weltkrieg saßen hier auch bei Studentenunruhen Verhaftete oder später Startbahn-West-Gegner ein, später Abschiebehäftlinge.

Vor allem dem dunklen Kapitel Nationalsozialismus kommt hier viel Raum zu. »Faites votre jeu!« hat dazu eine Dauerausstellung eingerichtet. Während der Zeit des Nationalsozialismus wurde hier nämlich inhaftiert, verhört, gefoltert und gemordet. Die Gefängniszellen sind winzig, kaum mehr als eine Pritsche passt hinein. Es ist unglaublich bedrückend. Viel Fantasie braucht man in diesem Haus jedoch nicht, um sich vorzustellen, was hier passierte.

Klapperfeld · Klapperfeldstraße 5 · 60313 Frankfurt am Main · Tel.: 0163 9401683
www.klapperfeld.de · ÖPNV: Konstablerwache

Buntes Programm
in wandelbarer Manege

Der Name »Circus« ist Programm: Denn auch wenn es keinen klassischen Zirkushimmel, ja, nicht mal ein Zirkuszelt gibt, finden in einem Raum namens Manege alle möglichen Veranstaltungen von Lesungen über Jazz bis hin zu Hip-Hop statt, vom Frankflirt bis zur Swing-Schicht. Oben gibt's ein Restaurant und eine ruhige Terrasse.

Geschwind lassen sich die so stilvoll von Geschäftsführer, Designer und Künstler Willo Altfeld eingerichteten Räume für unterschiedliche Zwecke verwandeln: etwa zum Caribbean Dancefloor bei der Bob-Marley-Party oder mit Leuchten, Nierentischen, Sofas, Sesseln, Platten zum 1960er-Jahre-Ambiente, das die beliebten Fräulein-Abende umgibt. Als studierter Innenarchitekt weiß Altfeld einfach, wie man Räume macht.

Dass das Programm im »Circus« so schön bunt ist, liegt auch daran, dass die Mitarbeiter vielseitig sind. Die Barkeeperin beispielsweise kann nicht nur Mojito, sondern auch Malerei. Und Altfeld weiß: »Sie freut sich, wenn sie ein Event mit ihrem Können unterstützen und Bilder oder Plakate beisteuern kann.« Auch diese Art der Zusammenarbeit erinnert an einen Zirkus, in dem schließlich auch alle für mehrere Dinge zuständig sind. Und noch eine Parallele gibt es: In diesem wie in jedem Zirkus geht ohne Herzblut gar nichts. Und Herzblut, das merkt man bei den vielen Ideen und der sympathischen Art von Altfeld, steckt hier drin. So lautet der Untertitel des Circus denn auch: »Ein Stück von uns«.

Auch wer einfach nur lecker essen möchte, ist hier richtig und kann bei schönem Wetter die Terrasse genießen. Da das Circus-Team gern neue Ideen aussheckt, gibt's seit Juni 2013 jeden Sonntag Familienbrunch. Denn Altfeld, selbst Vater zweier Mädels, weiß, dass Eltern mit Kindern sich freuen, wenn die Atmosphäre »lockerer und freier ist. Außerdem betreut ein Mitarbeiter aus der Circus-Crew zwischen 15 und 17 Uhr die Kinder.« Wer sich fragt, was früher in dem Gewölbekeller war: Hier befanden sich einst ein Wasserspeicher der Stadt und ein Weinkeller.

Circus · Bleichstraße 46 · 60313 Frankfurt am Main · Tel.: 069 25756714
www.circusfrankfurt.de · ÖPNV: U-Bahnhof Eschenheimer Tor

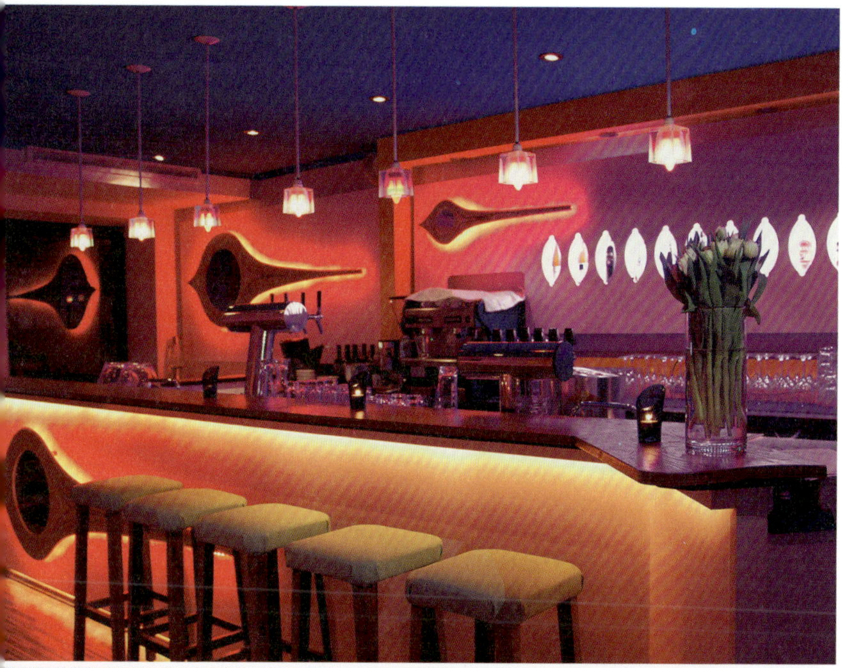

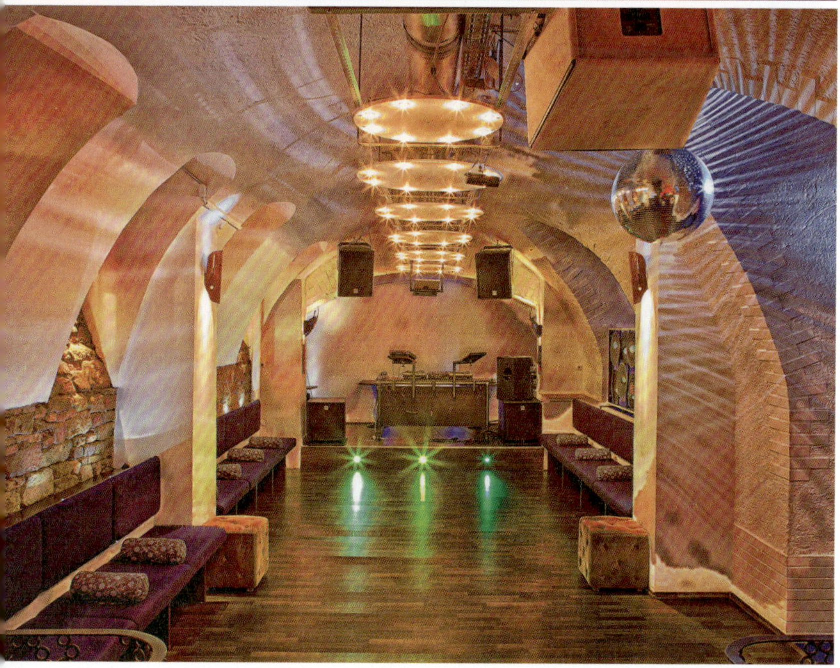

Mittelalter in der Moderne

Wer durch Frankfurt spaziert, stellt fest, dass Alt und Neu immer wieder reizvolle Kontraste eingehen. In einem Blick prallen hier schnell mal Mittelalter und 20. oder 21. Jahrhundert aufeinander. Am Eschenheimer Turm sieht man so eine tolle Frankfurter Zeitenkollision. Mehr und typischer Frankfurt auf einen Schlag geht nicht.

Kaum zu glauben, dass der Eschenheimer Turm, zwischen 1400 und 1428 erbaut, einmal einer der höchsten Türme Frankfurts war. Und dass hier einmal die Stadtgrenze verlief. Inzwischen ist der Turm von mehreren Straßen umtost, sodass man sich hier trotz mittelalterlicher Kulisse wahrlich im Hier und Heute angekommen fühlt. Angesichts des Hochhauses im Hintergrund wirkt der Eschenheimer Turm heute geradezu winzig. Die modernen Hochhäuser Frankfurts spotten seiner früheren Funktion als Wachturm geradezu. An diesem 47 Meter hohen Überbleibsel aus dem Mittelalter mit seinen 2,50 Meter dicken Wänden sieht man sehr schön, wie Frankfurt in die Breite und in die Höhe gewachsen ist.

▶ **In der nahen Großen Eschenheimer Straße 43 stand ehemals das Redaktionsgebäude von Friedrich Stoltzes *Frankfurter Latern*. Und nur wenig weiter, in der Stiftstraße 36, lebte Frankfurts berühmteste Prostituierte: Rosemarie Nitribitt.**

In der gewölbten Durchfahrt des Turms gibt es auch eine Café-Bar – natürlich namens Eschenheimer. Sie passt zum Turm, zur Umgebung und zu Frankfurt: Denn auch hier prallen Alt und Modern aufeinander. Bei schönem Wetter kann man draußen sitzen, sich im Herzen Frankfurts fühlen und freuen, dass dieses Wahrzeichen der Stadt Frankfurt noch existiert.

Allein im 19. Jahrhundert gab es mehrere Pläne, den Eschenheimer Turm abzureißen. Gottlob ist das nicht passiert. Denn sonst hätte man ihn nur noch im fernen Potsdamer Babelsberg-Park als Flatowturm bestaunen können. Denn in den 1850er-Jahren wurde er dort im Auftrag von Kaiser Wilhelm I. nachgebaut.

Eschenheimer Turm · 60318 Frankfurt · ÖPNV: U-Bahnhof Eschenheimer Tor, S-Bahnhof Hauptwache

09 Auf Augenhöhe mit dem Eschenheimer Turm

Der Paternoster, mit dem man hier fahren kann, würde James Bond gefallen, schon wegen des Blicks von unten auf Frauenbeine. Noch schöner ist allerdings nach der Fahrt nach oben die Aussicht, die sich von der Dachterrasse des Hotels bietet, dessen Name auf den James-Bond-Erfinder Ian Fleming zurückgeht.

Im Paternoster zum Essen oder Drink mit Aussicht. Am besten bei Sonnenuntergang. Denn die Restaurantterrasse im sechsten Stock des Hotels Fleming's bietet sicherlich eine der eindrucksvollsten Aussichten Frankfurts. Hier ist man auf Augenhöhe mit dem nur wenige Meter entfernten Dach des mittelalterlichen Eschenheimer Turms, von hier aus breitet sich die Skyline geradezu vor dem Gast aus, und in Richtung Osten reicht der Blick über den Taunus bis zum Feldberg.

Der Paternoster des Hotels ist übrigens einer von nur rund 30 dieser charmant-nostalgischen Aufzüge in ganz Hessen, die noch in Betrieb sind. Die Fahrt in den permanent umlaufenden Kabinen ist zwar wie in allen Paternostern nicht völlig ungefährlich, doch das passt – entsteht doch dabei etwas James-Bond-Feeling. Tatsächlich hat Ignaz Blodinger seine Hotels nach dem James-Bond-Erfinder benannt. Ein weiterer Glanzpunkt im wahrsten Sinne des Wortes ist das Treppenhaus mit dem Chromgeländer. Das Haus selbst ist eine Ikone der Frankfurter 1950er-Jahre Nachkriegsmoderne, sein »fliegendes Dach« spektakulär und die Eingangshalle schön puristisch. Zusammen mit Eschenheimer Turm und der Leuchtreklame der Detektei Tudor lässt dieses ehemalige, 1952 erbaute Bayer-Haus ein besonderes Frankfurt-Feeling aufkommen.

Nach dem sechsten Stock dreht der Paternoster übrigens auf die andere Seite. Wer diesen Wechsel mitmachen möchte, steigt einfach erst auf dem »Rückweg« im sechsten Stock aus. Und für alle, die nicht Paternoster fahren möchten, bleibt der Weg zu Fuß, entlang des Chromgeländers oder ein moderner Aufzug.

Fleming's Hotel · Eschenheimer Tor 2 · 60318 Frankfurt am Main · Tel.: 069 4272320
www.flemings-hotels.com · ÖPNV: S-Bahnhof Hauptwache, U-Bahnhof Eschenheimer Tor

Ausstellungsort mit Modellcharakter

Das Haus, das ursprünglich als Grand-Hotel erbaut wurde und in dem sich einst das Frankfurter Hauptquartier der NSDAP befand, bietet heute Ausstellungen und Performances. Hier zeigt sich, wie viel Kunst und Kreativität im kleinen Bahnhofsviertel stecken. Übrigens auch in Sachen Fördermöglichkeiten für Künstler.

Vielleicht trifft man beim Gang durch eine Ausstellung oder beim Stöbern in den Ausstellungs- und Werkkatalogen in der Leselounge sogar auf Künstler, deren Arbeit man eben noch betrachtete. Denn über der Ausstellungsfläche im Erdgeschoss reihen sich auf vier Etagen an langen Fluren Ateliers aneinander. Das basis-Haus in der Gutleutstraße ist einer der wenigen Orte in Frankfurt, wo Produktion und Ausstellungsprogramm zusammenkommen. Die Räumlichkeiten teilen sich freie Künstler – u.a. aus Malerei, Installation, Video- oder Konzeptkunst – und angewandte Künstler wie Grafiker, Designer, Architekten, Schmuck- und Modemacher. Autodidakten arbeiten hier neben Spätberufenen

▶ **Diverse Veranstaltungen machen die Arbeitsrealität der Künstler sichtbar. Dann erfährt man, woran die Künstler arbeiten, wie sie Projekte finanzieren oder wie Arbeiten ins Museum kommen.**

und jungen Künstlern von den Hochschulen, die gerade erst starten.

Der gemeinnützige Verein basis ist im wahrsten Sinne des Wortes eine Basis für Künstler: Für jeweils sechs Jahre vergibt er Arbeitsräume, deren Mietpreis unter den ortsüblichen Gewerbemieten liegt.

Für Kommunen ist es in den letzten Jahren schwer geworden, solche Projekte zu fördern. Künstlerischer Leiter Jakob Sturm weiß jedoch: »Basis e.V. gilt in einigen Kommunen als Modellprojekt. Denn durch ihren künstlerischen und wirtschaftlichen Erfolg zeigen die basis-Häuser, dass man mit etwas Fantasie gute Förderungsmöglichkeiten für Künstler und Kreative entwickeln kann. Wir erhalten 25 000 Euro Förderung von der Stadt. Den Rest erwirtschaften wir über die Vermietungen.«

basis · Gutleutstraße 8–12 · 60329 Frankfurt am Main · Tel.: 069 4003 7617 · www.basis-frankfurt.de · ÖPNV: Straßenbahnhaltestellen Willy-Brandt-Platz, Weser-/ Münchener Straße

11

Bahnhofsviertel mediterran

Klein, fein und mit Blumen in Terrakottatöpfen: Hier fühlt man sich mit Blick auf die Skyline fast wie am Mittelmeer. Die Dachterrasse des Hotel Nizza ist vermutlich die schönste Dachterrasse, die man im Bahnhofsviertel besuchen kann, um gemütlich etwas zu trinken. Bevor es mit dem Fahrstuhl nach oben geht, sollte man allerdings unten an der Bar seine Getränke kaufen, denn auf der Terrasse gibt es keine Bewirtung. Oben kann man dann die Stadt aus der Vogelperspektive bewundern.

▶ **Das Hotel Nizza veranstaltet regelmäßig besondere kleine Events wie Lesungen, »Rocking Riesling« oder Cocktailabende.**

Hotel Nizza · Elbestraße 10 · 60329 Frankfurt am Main · Tel.: 069 2425380 · www.hotelnizza.de
ÖPNV: S-Bahnhof Frankfurt Hauptbahnhof, Straßenbahnhaltestellen Weser-/Münchener Straße, Willy-Brandt-Platz

12

Wie im Kino

Spätestens wenn man in dem stilvollen, im puristischen Schwarz gehaltenen Raum sitzt und aus den großen Fenstern wie auf eine Kinoleinwand blickt, muss man zugeben, dass das als etwas verrucht geltende Bahnhofsviertel echt cool ist. DJ Ata, Inhaber der Bar Plank und langjähriger Bahnhofsviertelbewohner, findet gar: »der einzige kosmopolitische Ort in Frankfurt«. Kaffee wird frisch geröstet, Kuchen selbst gebacken, und trotz der ansehnlichen Auswahl an alkoholischen Getränken kann man es hier vor 18 Uhr allenfalls mit Bio-Limonade krachen lassen. Ein Szene-Treff, den Professoren und Studenten der Städelschule gern besuchen. Benannt ist die Café-Bar nach dem verstorbenen Musikproduzenten Conny Plank.

Bar Plank · Elbestraße 15 · 60329 Frankfurt am Main · Tel.: 069 26958666 · www.barplank.de
ÖPNV: S-Bahnhof Frankfurt Hauptbahnhof, Straßenbahnhaltestelle Weser-/Münchener Straße

Essen als und mit Kunst

Freitag ist hier jeder Tag unter der Woche, zumindest mittags. Denn die legendäre Freitagsküche, in der Künstler in der Küche kreativ werden, lädt seit ihrem Umzug 2012 vom Atelier Frankfurt in das Atelierhaus in der Mainzer Landstraße von Montag bis Freitag zum Mittagstisch.

In der Freitagsküche kochten schon Künstler wie Tobias Rehberger, Galeristen wie Michael Neff, Schriftsteller wie Thomas Meinecke, Musiker wie die Lassie Singers oder Tänzer der Forsythe Company. Das Konzept ist simpel: Jeden Freitag kocht ein anderer, meist dem Kunst- oder Kulturfeld entstammender »Gastkoch«. Der schlägt auch das Gericht vor, das meist etwas mit seiner Heimat oder Vergangenheit zu tun hat. Etwas verrückt darf es ruhig sein. Ein Konzept, das sogar der *New York Times* schon einen Artikel wert war.

Als die Freitagsküche entstand, wurde sie rasch zum Szenetreff. Ein Kreis aus Freunden und Städelstudenten kochte immer freitags ein Gericht. Und da auch Essen als Kunst mal scheitern darf, kann und konnte durchaus mal was schiefgehen oder musste improvisiert werden. Außerdem ist Freitagsküche auch Essen mit Kunst – schließlich gibt es immer was zu sehen oder zu hören. Spätestens nach dem Nachtisch ist Party. Seit die Freitagsküche in der Mainzer Landstraße landete, gibt es jeden Wochentag Mittagstisch. In den eigenen Räumen hatten Theatermann Thomas Friemel und Städelabsolvent Michael Riedel die Möglichkeit, eine fest installierte Küche einzubauen. Und einen festen Koch gibt es mittags auch – Scheitern bei der Kochkunst ist also ausgeschlossen. Die Preise für die feinen Speisen sind nach wie vor moderat (zwischen 7 und 11 Euro für Hauptgerichte) und die Zutaten aus regionalem bzw. biologischem Anbau. Das Publikum ist gemischt: Banker, Journalisten, Künstler. Etwas »gesitteter« als abends geht es auch zu. Dafür kann man neben dem leckeren Essen einen schönen Hof mit Tischen, Sonne und netten Begegnungen genießen.

Freitagsküche · Mainzer Landstr. 105 (Hinterhaus) · 60329 Frankfurt am Main
http://freitagskueche.de/
ÖPNV: S-Bahnhof Frankfurt Hauptbahnhof, Straßenbahnhaltestellen Platz der Republik, Güterplatz

14

Ein bisschen Milieu

Wer einen Blick in Frankfurts älteste Nachtbar »Pik-Dame« werfen mag, kann dies sehr unterhaltsam am Pik-Sonntag tun. Denn dann besinnt sich Frankfurts alte Dame auf ihre Cabaret-Tradition – auch wenn die Plüschsessel so rot sind wie das Milieu und man sich hier tatsächlich in einer Animierbar befindet.

Über dem Eingang leuchtet in Blau das Versprechen »Cabaret«. Dennoch glauben noch immer viele, dass das »Pik-Dame« bloß eine irgendwie verruchte Bar mit nackten Frauen sei. Manche vermuten hier sogar ein Bordell. Der Türsteher in seinem weißen Anzug sieht aus wie aus einer anderen Zeit. Die Zeiten haben sich geändert, doch die Einrichtung nicht: rote Plüschsessel, rotes Licht und kleine Tischchen. Und drei Holzpferde, die aussehen, als wären sie vor allzu viel Wirtschaftswunderseligkeit ins »Pik-

Dame« gerettet worden. Kein Wunder, dass Investor und Projektentwickler Ardi Goldmann einmal sagte, das »Pik-Dame« müsste unter Denkmalschutz gestellt werden.

Seit ein paar Jahren verwandelt sich Frankfurts Plüsch-Dame einmal im Monat, immer am letzten Sonntag, wieder in ein Cabaret. Dann gibt es zwar auch eine Striptease-Einlage, aber vor allem völlig »harmlose« Gäste. Bäppi la Belle moderiert die Mischung aus Comedy, Gesang, Travestie und Livemusik der Pik-Sonntag-Showband Groove Connect.

▶ **Wer noch mehr Kult möchte, geht ins Mosel-Eck – eine urige Kneipe, die es schon in Werke von Schriftstellern wie Bodo Kirchhoff oder Wilhelm Genazino schaffte.**

Auf dem Programm stehen z.B. Comedy mit Thorsten Bär, Tony Riga und Chantal Chabraque, Klavier-Kabarettist Daniel Helferich oder Mathias Münch Comedy oder der Zauberer Brezelberger.

Das Pik-Dame wurde in den 1960ern als Kabaretthaus gegründet, daneben gab's auch Striptease. Irgendwann war die Unterhaltungskunst nicht mehr einträglich genug. Eartha Kitt oder Kool & The Gang kamen dennoch.

Pik-Dame · Elbestraße 29–31 · 60329 Frankfurt am Main · Tel.: 069 236329 · www.pik-sonntag.de
ÖPNV: U-Bahnhof Frankfurt Hauptbahnhof, Straßenbahnhaltestelle Weser-/Münchener Straße

15 Trinken, bis das Leben doch ein Ponyhof ist

»Alles Glück dieser Erde liegt auf dem Rücken der Pferde. Und ich glaube an das Gute, und das liegt in der Guten Stute«, singt die Frankfurter Band Blue Blistering Barnacles. Diese Pilsstube ist vermutlich die einzige Frankfurter Kneipe mit eigener Hymne. Eigentlich kommt man aber wegen Wirt Ivo und dem wiehernden Pferd.

Das gibt's nur im Gallusviertel. Hier begrüßt eine ausgestopfte Stute jeden Gast mit einem Wiehern. Auf dem Boden stehen Fässer als Tisch, und sitzen kann man hier wie in einem Kettenkarussell an der Bar – vorausgesetzt, man ergattert noch einen Platz. Aus dem Radio dudelt Hit Radio FFH, an der Wand hängen Hufeisen, Pferdegeschirr und Postkarten mit Urlaubsgrüßen aus fernen oder nicht so fernen Gefilden. Selbstverständlich unterlaufen einige davon zielsicher den guten Geschmack. Denn auch wenn das Publikum inzwischen ziemlich gemischt ist und der Guten Stute Kultcharakter anhängt, ist sie doch eine bodenständige Kneipe, die man auch in Jogginghose und Adiletten besuchen könnte.

▶ **Stärken kann man sich vorher in der nicht weit entfernten Pizzeria Sette Bello (Niddastraße 82). Auch wenn sie Imbiss-Charakter hat: Die Pizzen sind wunderbar.**

Diese Kneipe ist wirklich ein Unikat und lohnt den Weg in das für seine Kneipen nicht gerade bekannte und auch nicht so zentral gelegene Gallusviertel. Dass das Leben kein Ponyhof ist, kann man im höchst urigen und ulkigen Ambiente der »Guten Stute« bei einem oder mehreren frisch gezapften Bieren wunderbar vergessen. Und dafür, dass das Leben noch etwas Ponyhof bleibt, wenn man die »Gute Stute« wieder verlässt, sorgt Ivo, wenn er beim Zahlen noch einen Slivowitz aufs Haus ausschenkt und weiß: »Bis die Tage!« Die Stute, die der Pilsstube ihren Namen gab, will Wirt Ivo übrigens für 4000 Mark auf dem Sachsenhäuser Flohmarkt gekauft haben. Kein Wunder, dass die tote Stute einen Anhänger trägt: »Eigenes Pferd ist Gold wert.« Bei dieser Kneipe stimmt es auf jeden Fall.

Gute Stute · Kölner Straße 42 · 60327 Frankfurt · Tel.: 069 7306814 · www.gute-stute.com
ÖPNV: S-Bahnhof Galluswarte, Straßenbahnhaltestelle Speyerer Straße

Bei Worscht neu anfangen lernen!

16

Wie ein Neuanfang trotz Wirtschaftskrise gelingen kann, zeigt die Karriere von Thomas Brauße. Von Millionendeals im 20. Stock des Messeturms wechselte er in einen Imbissbus zu dessen Füßen. Brauße ist zufriedener als früher – auch wenn er bei seinem Weg raus aus der Finanzwirtschaft, rein in die Realwirtschaft Durchhaltevermögen an den Tag legen musste.

Einige frühere Kollegen beneiden Brauße durchaus um diesen Schritt, bei dem er Meetings gegen Pommes und Bratwürste eintauschte und statt auf langweilige Präsentationen nun in hungrige Kundengesichter guckt. Und auch die Kleidung änderte sich natürlich: Statt im gebügelten Hemd und Anzug arbeitet er heute in Jeans und T-Shirt. Die neue Wirkstätte des ehemaligen Bankers ist ein ausrangierter Bus. Der allerdings steht in Nähe seines alten Arbeitsplatzes. Jahrelang arbeitete Brauße im Messeturm am Frankfurter Standort der US-Handelsplattform Institutional Networks (Instinet), die 2009 geschlossen wurde. Während andere im selben Job nach London wechselten, blieb er in Frankfurt und änderte den Job. Pläne für diesen krassen Neuanfang, der sein Berufsleben quasi vom Kopf auf die Füße stellte, trug er schon einige Zeit mit sich herum.

Nicht nur der Bus unterscheidet die »Frankfurter Worscht Börse« von anderen Imbissstuben. Hier ist alles etwas schicker: die gediegeneren Schirme ebenso wie die blitzenden Stehtische. Aus seinem früheren Beruf kennt Brauße schließlich die Vorlieben seiner Kundschaft. Und die kommt eben nicht in Trainingshose, sondern im Anzug auf eine Currywurst vorbei. Die Soßen dazu passen: Dax (klassisch), Nikkei (exotisch) und Dow Jones (Barbecue). Weil Brauße Schlips und Kragen ohnehin immer zu eng waren, vermisst er seine alte Welt nicht. Natürlich hat er auch nach 2009 noch andere Angebote im Banker-Bereich erhalten – interessiert haben sie ihn allerdings nicht. Sein Imbiss schrieb übrigens nicht sofort schwarze Zahlen. Inzwischen denkt Brauße jedoch an eine Expansion nach London.

Frankfurter Worscht Börse · Osloer Straße · 60327 Frankfurt · http://worschtboerse.de/
ÖPNV: U-Bahnhof Festhalle/Messe, Straßenbahnhaltestelle Güterplatz

17 Rebensaft in provenzalischem Flair

Wein liebende Romantiker kommen hier bestimmt auf ihre Kosten. Drinnen wähnt man sich im Wohnzimmer von südfranzösischen Freunden, draußen kann man sich in einen Strandkorb kuscheln. Dekor und Weine lassen dabei vergessen, dass man sich eigentlich in einem etwas gesichtslosen Bockenheimer Innenhof befindet.

Der Raum verströmt mit seinen Holztischen, der violett gestrichenen Wand und dem terrakottafarbenen Boden provenzalische Stimmung, dreiarmige Kerzenleuchter auf den Tischen sorgen für heimeliges Licht, ein Kronleuchter, an dem Kristalltropfen hängen, ziert den Raum. Die Sessel wirken sehr bequem. Wer die Weinbar »Weingarten« betritt, fühlt sich sofort wie bei Freunden. Oder auf einem Kurzurlaub. Denn bei schönem Wetter laden Strandkörbe zum Weingenuss draußen ein.

Im Angebot ist eine große Anzahl ständig offener Weine (etwa 30 bis 40) für den Ausschank per Glas. Hier dürfte jeder einen schönen Tropfen für sich finden. Allerdings sind die bekannten südeuropäischen Rebensäfte und bekannte, aber durchaus auch etwas überraschende deutsche unter sich. Denn neben einer stattlichen Anzahl an französischen, italienischen oder spanischen Weinen bieten die erfahrenen Weinwirte auch eine ansehnliche Zahl hervorragender deutscher Weine: vom Karthäuserhof an der Ruwe, vom Weingut Dönnhoff an der Nahe oder dem Weingut Zimmerling aus Sachsen.

▶ **Wer eine Flasche Weingarten mit nach Hause nehmen möchte:** Das ist auch zu fortgeschrittener Stunde und zu durchaus fairen Preisen möglich. Achtung: Sonntag und Montag geschlossen!

Aber natürlich auch Weine aus Baden, Franken, von der Mosel, aus Rheinhessen oder dem Rheingau. Besonders interessant sind die Weinabendgutscheine ab zwei Personen: Bei den Degustationen bekommt man neben besonderen Weinen, Häppchen und einer Karaffe Wasser Informationen über wichtige Weinanbaugebiete. Eine schöne Idee, mit der man sich selbst oder andere bestimmt gern beschenkt.

Weingarten · Clemensstraße 3 · 60487 Frankfurt · Tel.: 069 77033970 · www.weingarten-frankfurt.de
ÖPNV: U-Bahnhof Bockenheimer Warte

In Hinterhofatmosphäre stöbern

18

Wer sich davon überzeugen möchte, dass die Leipziger Straße in Bockenheim entgegen anderer Meinungen sehr wohl noch Charme und Flair und schöne Läden hat, der ist hier richtig. Die Galerie Hake punktet nicht nur mit einem charmanten Hof, sondern auch mit einem verlockenden Sortiment und einem kleinen Café.

Kenner behaupten, dass man hier die größte Auswahl an Postkarten und Bilderrahmen in ganz Frankfurt findet. Aber selbst wenn diese vielleicht nur gefühlte Einschätzung buchhalterischem Abzählen nicht standhalten könnte, ist die Auswahl in dieser schönen, ruhigen und freundlichen Atmosphäre beeindruckend. Und dazu gibt's noch eine kompetente und geduldige Beratung. Doch nicht nur die tolle Auswahl an Rahmen und verschiedensten Druckerzeugnissen macht einen Aufenthalt für Kauflustige »gefährlich«. Auch das schöne Sortiment an Wohnaccessoires ist verführerisch. Wer ein Geschenk oder ein Mitbringsel sucht, findet unter den Lampen, Taschen, Kisten, Kerzen, Kerzenständern, Geschirrartikeln, Gläsern oder Stiften bestimmt etwas.

Die Qual der Wahl, die man angesichts des Sortiments haben könnte, lässt sich herrlich im zugehörigen Bistro mit einem leckeren Espresso oder Cappuccino und selbst gemachten Kuchen überbrücken. Bei schönem Wetter kann man sogar draußen sitzen! Aber auch Hungrige können in dieser kleinen Hinterhofoase eine Rast einlegen, das beliebte Chili con carne (täglich auf der Karte, 4,60 Euro) genießen oder in den herrlichen Wraps (zwischen 4,60 Euro und 5,50 Euro) oder Tortilla mit Salat (4,90 Euro) schwelgen und sich beim Blättern in Kunstkatalogen oder Heften sowie beim Blick auf Bilder inspirieren lassen (die aktuelle Speisekarte findet man unter www.facebook.com/hakeslunch).

▶ **Unweit der Leipziger Straße, in der Adalbertstraße 11, kann man im Bürstenfachgeschäft Carl Topp in eine frühere Einkaufswelt eintauchen – der Laden ist bereits seit 1928 in Bockenheim ansässig.**

Galerie Hake · Leipziger Straße 35, Hinterhaus · 60487 Frankfurt · Tel.: 069 7077928
www.galerie-hake.de · ÖPNV Haltestellen: U-Bahnhöfe Leipziger Straße, Bockenheimer Warte

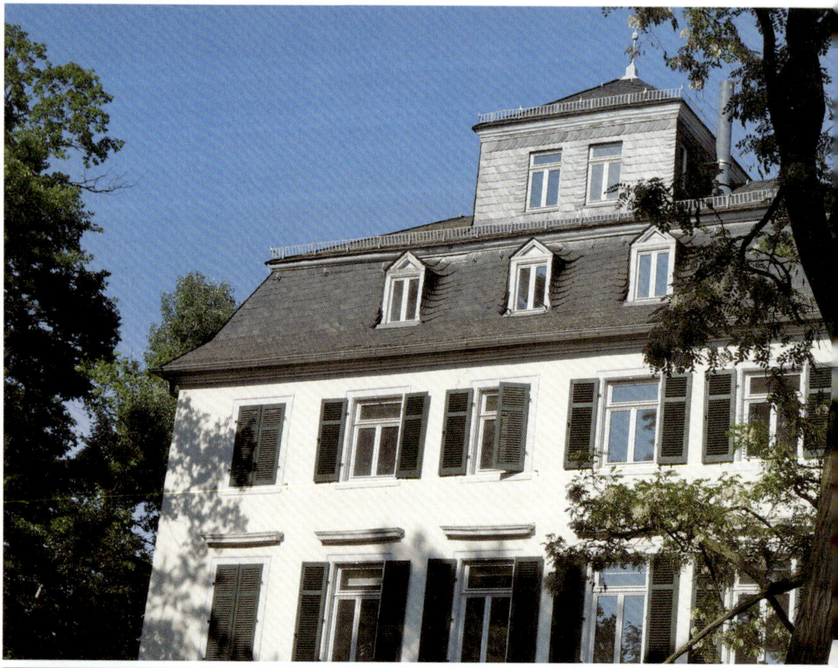

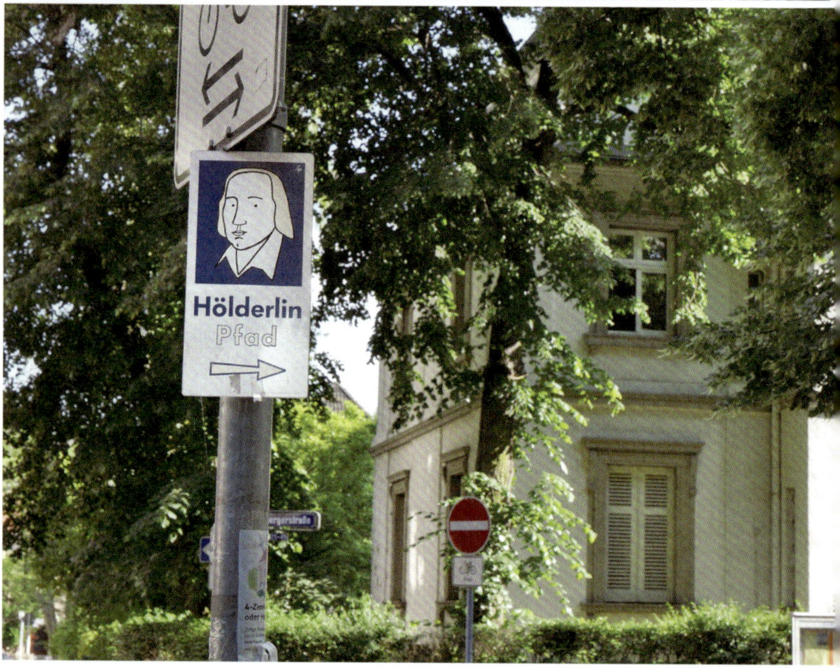
Hölderlin
Pfad

Ein Weg der Sehnsucht

Auf Goethes Spuren wandelt man in und um Frankfurt praktisch überall. Mit Hölderlin kann man von Bad Homburg nach Frankfurt oder umgekehrt laufen – eine Strecke, die der Dichter einmal im Monat ablief, um heimlich seine Geliebte zu treffen. Ein Pfad, der durch höchst unterschiedliches Terrain führt.

Um seine heimliche, weil verheiratete Liebste Susette Gontard zu treffen, marschierte Friedrich Hölderlin (1770–1843) zwischen 1798 und 1800 jeden ersten Donnerstag im Monat von Bad Homburg zum früheren Adlerflychthof am Oeder Weg in Frankfurt (inzwischen ist das frühere Wochenenddomizil der Gontards zerstört). Da Hölderlin keine Wegbeschreibungen hinterlassen hat, kann seine Route nicht mehr genau nachvollzogen werden – ebensowenig die rekordverdächtige Zeit von drei Stunden, die er für die 22 Kilometer lange Strecke gebraucht haben will. Ein von Hans Traxler gezeichneter Hölderlin-Kopf führt als Zeichen auf seinen romantischen Spuren.

Wer die Wanderungen des unglücklich liebenden Dichters zurückverfolgen möchte, kann diesen Weg der Sehnsucht auch mit dem Fahrrad zurücklegen, da er überwiegend asphaltiert ist.

Interessante Stationen sind unter anderem: Dorotheenstraße 34 in Bad Homburg (das Haus, in dem Hölderlin einige Zeit in Isaac von Sinclairs Wohnung unterkam, ist heute eine Bleibe für Hölderlin-Forscher); der Alte Flughafen Bonames mit dem beliebten Tower-Café (wunderbar geeignet für eine

▶ **Die Broschüre** *In naher Ferne* **mit genauen Karten kann unter www.frankfurt.de unter dem Stichwort »Hölderlinpfad« als PDF abgerufen werden.**

Rast), die Robert-Gernhardt-Brücke, über die man die Nidda passiert, in deren Wasseroberfläche sich eine Gedichtzeile Hölderlins oder das barocke Holzhausenschlösschen spiegelt. Dieses Wasserschloss in einem Park mit altem Baumbestand in einem Stadtteil, der viele erhaltene Stadtvillen aufweist, lässt uns für einen Moment in die Zeit Hölderlins eintauchen.

Startpunkt: Sinclair-Haus · Löwengasse 15 · 61348 Bad Homburg · ÖPNV: Busstation Kurhaus
Ziel: Goethehaus · Großer Hirschgraben 23–25 · 60311 Frankfurt · ÖPNV: U-Bahnhof Hauptwache

20 Die Anfänge bundesrepubli- kanischer Demokratie

Dass beim Hessischen Rundfunk Radio und Fernsehen gemacht werden, ist bekannt. Die wenigsten allerdings wissen, dass die Rotunde als Plenarsaal für den Bundestag errichtet wurde. Bei einer Führung erfährt man nicht nur Wissenswertes über den hr, sondern kehrt quasi zu den Anfängen der Bundesrepublik Deutschland zurück.

Wenn man in dem lichten Bau steht, bekommt man eine Ahnung davon, wie wichtig das Thema Transparenz nach den dunklen Zeiten des Nationalsozialismus gewesen sein muss. Dieses Gebäude steht für Offenheit. Überall Glasfenster, nur an wenigen Stellen von Steinen unterbrochen, die an die roten Steine der Frankfurter Paulskirche erinnern. Kein Wunder, stand doch die Wiege der Deutschen Demokratie Pate für diesen Bau.

Frankfurt war dicht dran, Hauptstadt zu werden. Der damalige Oberbürgermeister Walter Kolb hatte seine Dankesrede für die Wahl Frankfurts als Hauptstadt schon aufgezeichnet. Doch dann kam alles anders. Deutschland wurde zur Bonner und nicht zur Frankfurter Republik, und die markanten goldenen Säulen, die dem Raum den Namen »Goldhalle« gaben, wurden nie zu Stützen der parlamentarischen Demokratie – dabei waren sogar schon Abgeordneten- und Publikumstribünen eingebaut worden. Sie wurden entfernt, und Gerhard Weber, der Architekt der Rotunde, zergliederte den Kuppelbau in zahlreiche Studios und Redaktionsräume und trug so dazu bei, einen abermals der Demokratie dienenden Bau zu schaffen: einen, der zur demokratischen Meinungsbildung beitragen sollte.

▶ **Der hr bietet Führungen an, bei denen man erleben kann, wie die »Hessenschau« gemacht wird.**

Der Besuch ist eine Zeitreise zurück in die Zeit, als aus der Rotunde Bernhard Grzimek über die deutschen Fernseher flackerte. Doch nicht nur vor diesem Hintergrund ist eine Führung durch den Hessischen Rundfunk interessant. Man erfährt auch, wie ein Fernsehstudio beleuchtet wird, was Selbstfahrerplätze sind, wer die Musik ins Programm bringt und vieles mehr.

Hessischer Rundfunk · Bertramstraße 8 · 60320 Frankfurt ·Tel.: (069) 1553119 (Besucherservice) www.hr-online.de · ÖPNV: U-Bahnhof Dornbusch

Kinder werden zu Artisten

21

Auf einem Gelände, auf dem ehemals amerikanische Soldaten wohnten, steht heute in der Nähe des Hessischen Rundfunks in Frankfurt-Ginnheim ein Zirkuszelt. Im Zirkus Zarakali heißt es aber nicht nur Manege frei für Akrobatik und Clownereien, sondern auch für soziales Miteinander.

Inmitten der eher nüchternen Plattensiedlung reicht der Schritt durch ein Tor, und man steht mittendrin in dem, was man sich so gemeinhin unter Zirkus vorstellt: ein großes Zelt, daneben bunte Wagen. Dieser Zirkus zieht jedoch nicht durch die Lande, der vom Bund Deutscher Pfadfinder und der Stadt Frankfurt getragene Zirkustraum ist eine feste Einrichtung für Kinder. Pyramiden bauen, am Trapez turnen, Einrad fahren, auf Stelzen laufen oder jonglieren: All die klassischen Zirkusdisziplinen können sie hier lernen, aber auch Klettern, Musik und Capoeira.

Nicht nur weil Kinder hier auf eine andere Art und Weise ihren Körper spüren, Dinge ausprobieren, Anerkennung bekommen oder Stress abbauen können, ist der seit 2000 bestehende Zirkus ein besonderes (soziales) Projekt. Zirkuspädagogen arbeiten hier auch mit behinderten Kindern. Und damit jeder, der möchte, sich selbst ausprobieren kann, sind die offenen Trainings kostenfrei. Lediglich eine Spendendose macht am Ende die Runde. Erst

▶ **Wer einen besonderen Kindergeburtstag feiern möchte, kann dafür das Zirkuszelt buchen.**

wenn man sich für einen festen Kurs entscheidet, fällt ein Beitrag von 18 Euro pro Monat an. Bei dem winkt dann allerdings auch am Ende, also vor den Sommerferien, der große Auftritt in der Show. Geschminkt, in Kostümen und vermutlich mit einer guten Brise Lampenfieber heißt es dann »Vorhang auf, Manege frei« für alle, die auftreten wollen – ganz egal, ob ein Kind Down-Syndrom, eine Lernschwäche oder sonstige Beeinträchtigungen hat. Die Pädagogen hier finden für jeden Nachwuchsartisten eine passende Nummer, und der gemeinsame Spaß steht im Vordergrund.

Kinderzirkus Zarakali e.V. · Platenstraße 79z · 60431 Frankfurt am Main · Tel.: 069 56807911
http://zarakali.de · ÖPNV: U-Bahnhof Dornbusch

Die erste Einbauküche

*Wer das Ernst-May-Haus in der Römerstadt besucht, kommt, um
die Anfang des letzten Jahrhunderts in Serie gefertigte Architektur-
und Baurevolution Ernst Mays zu bestaunen. Auf die Frankfurter
Küche stößt man zwangsläufig auch. Deren Macherin war nicht nur
leidenschaftliche Architektin, sondern auch Widerstandskämpferin.*

Vorratsschütten, Einbauschränke, Klappbügelbrett – alles auf engs-
tem Raum. Pragmatisch, praktisch, gut. Und unglaublich rational. Jeder
Millimeter durchdacht. Alle Abläufe und notwendigen Handgriffe in der
Küche wurden gemessen, um die optimale Küche zu entwerfen. Wenn
man im Ernst-May-Haus in die Küche blickt, wundert es einen nicht, dass
die Frankfurter Küche als Mutter aller Einbauküchen gilt. Entworfen hat sie
1926 die Wiener Architektin Margarete Schütte-Lihotzky (1897–2000), die
erste Frau Österreichs in der männerdominierten Architektenzunft. Ironie
der Geschichte: Ausgerechnet die Schöpferin der Küche, die als Beitrag zur
Emanzipation der Frau galt, sagte später: »Wenn ich gewusst hätte, dass
alle immer davon reden, hätte ich diese verdammte Küche nie gebaut!«
   Schütte-Lihotzky diente mit ihrer Arbeit und ihrem Engagement immer
der Sache des Menschen. In Österreich und Deutschland entwarf sie Sied-
lungs- und Sozialbauten, in der Sowjetunion Kindergärten und Kindermö-
bel und in Anatolien in der Türkei Frauenschulen. Kein Wunder eigentlich,
dass sie sich später einem Widerstandsnetz österreichischer Kommunisten
anschloss. »Was haben wir zu tun, damit wir nach dem Sturz Hitlers mit
gutem Gewissen wieder in der Heimat leben können?«, lautete ziemlich
unheroisch ihre Leitfrage. Weihnachten 1940 fuhr sie als illegaler Kurier
nach Wien, wo sie am 22. Januar 1941 verhaftet wurde. Sie entging nur
knapp dem Todesurteil und war die einzige Überlebende des Widerstands-
netzes der österreichischen Kommunisten.
   Aus den Ideen des sozialen Wohnungsbaus etwas mitzunehmen, lohnt
sich.

Ernst-May-Haus · Im Burgfeld 136 · 60439 Frankfurt am Main · Tel.: 069 24006752
www.ernst-may-haus.de · ÖPNV: U-Bahnhof Römerstadt

Vom Tempel der Wirtschaft zum Tempel der Bildung

Ein Blick auf das riesige, bogenförmige Gebäude reicht, um die Spuren deutscher Geschichte zu ermessen, die mit ihm verbunden sind. Der IG-Farben-Konzern war tief in Machenschaften des Nationalsozialismus verstrickt, und manch einer empfindet es als Widerspruch, dass dort inzwischen junge Menschen studieren.

Mächtig und einschüchternd wirkt der helle Bau, der früher »Haus der 2000 Fenster« genannt wurde. Heute ist er eine Art Solitär aus der Zeit des aufstrebenden Deutschlands. War doch das zwischen 1928 und 1931 errichtete Gebäude seinerzeit das modernste Bürogebäude Europas und Verwaltungszentrale des damals größten europäischen Unternehmens. Wer um seine Geschichte weiß, meint fast, sie in Stein gebannt zu sehen. Dabei ist der eindrucksvolle Bau an sich ja unschuldig, und der Architekt Hans

Poelzig arbeitete extra eine kleine Krümmung nach hinten ein, um die gigantischen Ausmaße zumindest optisch etwas zu verkleinern. Und doch kann man sich noch heute vorstellen, dass an den Wegen beiderseits des Eingangs Nazi-Karossen aufgefahren sind, um hier wichtige Entscheidungen für die Kriegswirtschaft vorzubereiten.

Nicht alle waren daher glücklich, dass ausgerechnet dieser ehemalige Tempel der Wirtschaftsmacht zum Bildungstempel umfunktioniert wurde. Denn rühmlich ist die Geschichte der IG Farben nicht. Beispielsweise produzierte sie während des Krieges Produkte von rüstungswirtschaftlicher Bedeutung, übernahm Chemiewerke in besetzten Gebieten und setzte Zwangsarbeiter ein, und die Tochtergesellschaft Degussa produzierte das Zyklon B, das in Gaskammern zum Massenmord eingesetzt wurde. Die Dauerausstellung, die an den Wänden in den Fluren angebracht ist, lässt auch an diesem Kapitel keinen Zweifel: »IG Auschwitz« steht da beispielsweise auf einer Tafel. Wer sich Zeit nimmt, diesen Bau zu erkunden, kann den Atem eines dunklen Kapitels der deutschen Geschichte spüren.

Johann Wolfgang Goethe-Universität Frankfurt am Main/IG-Farben-Haus · Grüneburgweg 1
60323 Frankfurt · Tel.: 069 7980 · ÖPNV: U-Bahnhof Holzhausenstraße

Kleinod für Cineasten

Im Mal Seh'n kann man nicht nur Dokumentar- und Spielfilme sehen, die oftmals in keinem anderen Kino der Rhein-Main-Region gezeigt werden. Das kleine Kino im Frankfurter Nordend mit seinen knarrenden Dielen, der alten Kasse in der vorgelagerten Kneipe »Filmriss« hat noch dazu einen ganz besonderen Charme.

Das kleine Kino im Frankfurter Nordend liegt geografisch gesehen gar nicht weit von Hessens größtem Filmpalast entfernt. In puncto Ambiente und Inhalt liegen jedoch Welten zwischen ihnen. Fans von Filmen jenseits des Mainstreams kommen im Mal Seh'n voll auf ihre Kosten. Denn hier wird Programmkino in Reinkultur geboten. Viele der hier gezeigten Filme sind eher unbekannt – nicht mal das Feuilleton berichtet über alle der hier laufenden Filme. Kunst- und Dokumentarfilme stehen auf dem Programm, ein weiterer Schwerpunkt der Arbeit des Mal Seh'n Kinos ist die Gestaltung von besonderen Filmreihen. Die Filme aus aller Welt werden – wie sollte es anders sein – meist in der Originalfassung mit deutschen Untertiteln gezeigt. Das Mal Seh'n ist ein Kleinod der Kinokultur, für das Kenner auch aus weiter entlegenen Orten anreisen. Die Atmosphäre ist angenehm unprätentiös, die Preise in der dazugehörigen Kneipe »Filmriss« wirklich moderat.

▶ **Eine Institution für Weintrinker, in der man auch gut Kleinigkeiten essen kann, ist die nahe gelegene Weinstube Nordend: Eckenheimer Landstraße 84.**

Gegründet wurde das Mal Seh'n Kino in einer ehemaligen Turnhalle des benachbarten Blindenhilfsvereins im November 1984. Eine Gruppe Filminteressierter und Filmemacher baute es in Eigenarbeit aus und eröffnete das Mal Seh'n. Lange Zeit war das kleine Kino mit nur 80 Plätzen das einzige Programmkino in Frankfurt. 2012 war ein besonderes Jahr für das Kino: Das Mal Seh'n stellte für 70 000 Euro Gesamtkosten auf digitale Technik um und wurde außerdem – völlig verdient – mit dem Hessischen Kinopreis für Programmkinos ausgezeichnet.

Mal Seh'n Kino · Adlerflychtstraße 6 · Frankfurt am Main · Tel.: 069 5970845 · www.malsehnkino.de
ÖPNV: U-Bahnhof Musterschule, Bushaltestelle Adlerflychtplatz

Alte Salonkultur mit Stil

Es gibt Orte, an denen man sich sofort wie in einer anderen Welt fühlt. Der Nachtsalon im Logenhaus ist ein solcher Ort, der es schafft, eine Aura von Authentizität und Geheimnisvollem zu schaffen. Willkommen fühlt man sich in diesem stilvollen Dekor immer, denn hier sitzt man wie im Wohnzimmer von Freunden.

Die dunkelroten und dunkelgrünen Tapeten wirken kostbar. Auf einem Tischchen steht eine Vase mit langstieligen, tiefroten Rosen. Sofas, Sessel und Stühle sind um Tische gruppiert. Die Atmosphäre ist gleichzeitig elegant und ungezwungen. Die Räume – in einer Ecke gibt es auch ein Raucherzimmer – atmen die Salonkultur der 20er- und 30er-Jahre des vergangenen Jahrhunderts.

Stefano Rondoni, einer der beiden Betreiber des Nachtsalons, sieht in seinem karierten Anzug und den zurückgekämmten Haaren aus, als sei er geradewegs von der Kinoleinwand aus »Der Große Gatsby« in die Räumlichkeiten in der Finkenhofstraße gefallen. Doch anders als die Oberflächlichkeit, die im »Gatsby« thematisiert wird, will Rondoni mit dem Nachtsalon gerade sein Gefühl zum Ausdruck bringen: »Die Menschen sollen herkommen, sie selbst sein und die Hüllen des Alltags fallen lassen können.« Rondoni, gelernter Koch, dessen Vater selbst Gastronom ist, sieht sich als Gastgeber. »Darum haben wir die Sitzplätze auch so angeordnet, dass man gut ins Gespräch kommen kann.« Und so schafft es der Nachtsalon, dass man sich selbst in dem stilvollen und besonderen Ambiente wie bei guten Freunden fühlt. Für ihre Gäste schmieden Rondoni und sein Kompagnon Jan Petry auch besondere Abende. Einmal im Monat gibt's den »Sophisticated Shuffle«, bei dem DJs alte Swingplatten auflegen. Wer mag, kann dazu das Tanzbein schwingen. Und beim »Roulette d'Amour« darf man stilvoll und wie in einer anderen Zeit flirten: Hat man Interesse an einer Person, so kann man sich deren Nummer notieren, ihr einen kleinen Brief schreiben, der dann vom Zeremonienmeister überbracht wird.

Logenhaus Nachtsalon · Finkenhofstraße 17 · 60322 Frankfurt am Main· Tel.: 069 84775743
www.logenhaus-frankfurt.de · ÖPNV: U-Bahnhof Grüneburgweg, Bushaltestelle Bornwiesenweg

26 Medienlandschaft in Frankfurts Tiefen

In Deutschlands einziger Stadt mit echter Hochhaus-Skyline kann man freilich in luftige Höhen steigen. Doch im Nordend gelangt man auch ziemlich tief unter die Erde. Denn hier sitzt die Deutsche Nationalbibliothek, deren kulturelles Gedächtnis auf drei Etagen bis zu 20 Meter in die Tiefe reicht.

Im Rahmen einer Führung erfährt man Wissenswertes und Erstaunliches zur Buch- und Mediensammlung und -lagerung. Die Nationalbibliothek ist die zentrale Archivbibliothek und das nationalbibliografische Zentrum der Bundesrepublik. Diese sammelt, verzeichnet, katalogisiert und erschließt alle Veröffentlichungen mit Bezug zu Deutschland.

Der Bestand der Deutschen Nationalbibliothek an ihren Standorten Leipzig und Frankfurt am Main ist inzwischen auf über 27 Millionen Medieneinheiten angewachsen. Mehr als 10 Millionen davon lagern in den drei unterirdischen Magazingeschossen von je rund 10 000 Quadratmetern Grundfläche im Frankfurter Haus. Täglich finden rund 1500 neue Medien ihren Weg in die Regale unter Tage. Für die Aufbewahrung wurden Ende 2012 rund 156 Kilometer Regalböden benötigt, jährlich kommen weitere vier Kilometer hinzu. Würde man alle Bücher aus den Regalen aneinanderlegen, würden sie von der Ostküste bis zur Westküste der USA reichen.

Ohne die richtige Signatur findet man hier unten übrigens nichts. Um effizient und platzsparend zu bewahren, wird nämlich nicht nach Themen oder Gattungen geordnet, sondern nach fortlaufenden Signaturen. Dabei sind vor der Systematik der Deutschen Nationalbibliothek alle Medien gleich. Ein Blick in die Regale zeigt: Kochbücher und Comics stehen neben Forschungs- oder Geschäftsberichten, Vereinsblätter neben Romanen oder Pixibücher neben wissenschaftlichen Publikationen.

Wer sich in diesen Tiefen umsehen möchte, sollte nicht zu leicht bekleidet sein: Damit das geistige und literarische Schaffen seit 1945 bewahrt werden kann, herrschen zwischen den grauen Betonwänden 18 Grad.

Deutsche Nationalbibliothek · Adickesallee 1 · 60322 Frankfurt · Tel.: 069 15250 · www.dnb.de
ÖPNV: U-Bahnhof und Bushaltestelle Deutsche Nationalbibliothek

In der Stille die Wurzeln der Stadt entdecken

Der Frankfurter Hauptfriedhof ist schön wie ein Park. Hier kann man auf eine ganz besondere Art durch die Frankfurter Stadtgeschichte spazieren, denn viele von den hier Bestatteten haben in Kultur, Politik, Gesellschaft, Wirtschaft oder in der Literatur ihre Spuren hinterlassen.

Frühere Oberbürgermeister wie Carl Constanz Victor Fellner oder Franz Bourchard sowie Ernst Adickes sind hier begraben, aber auch Franz Xaver Winterhalter, der durch sein Porträt der Kaiserin Sisi berühmt wurde, der Psychoanalytiker und Schriftsteller Alexander Harbord Mitscherlich, Jazz-Posaunist Albert Mangelsdorff, die Philosophen Arthur Schopenhauer und Theodor W. Adorno, der Kabarettist Mathias Beltz oder auch Friedrich Karl Waechter und Robert Gernhardt (Gründer der Satirezeitschrift *Titanic*).

▶ **Im Café »Größenwahn« (Lenaustraße 97) kann man großartig speisen. Der Laden ist eine Frankfurter Institution, daher ist er oft voll.**

Auch das Grab des durch den *Struwwelpeter* bekannt gewordenen Heinrich Hoffmann kann man bei einem Gang über den ruhigen, weitläufigen Friedhof entdecken. Und auch sein »Paulinchen« und der »Zappelphilipp« sind hier begraben. Doch weder Pauline Schmidt, die als Paulinchen in Hoffmanns weltberühmtes Werk eingegangene Brandstifterin, noch der als Zappelphilipp bekannt gewordene Philipp Julius von Fabricius sind so gestorben, wie im *Struwwelpeter* beschrieben. Pauline Schmidt starb 1856 mit 15 Jahren an Typhus. Doktor med. Philipp Julius von Fabricius, 1839 geboren, starb 1911. Er hatte als Kind vermutlich das, was man heute mit Aufmerksamkeitsdefizit-Störung bezeichnen würde. Seine Spende für ein Hoffmann-Denkmal unterschrieb er übrigens selbst mit dem Zusatz »Urbild des Zappel-Philipps«. Es lohnt sich, durch diesen Friedhof zu wandeln, der zwar eine gewisse Ernsthaftigkeit ausstrahlt, aber gleichzeitig ob seiner Schönheit die Schrecken des Todes etwas zurücktreten lässt.

Frankfurter Hauptfriedhof · Eckenheimer Landstraße · 60320 Frankfurt am Main · Tel.: 069 21233947
www.frankfurter-hauptfriedhof.de · ÖPNV: U-Bahnhof Hauptfriedhof

Happy Germany

Es ist einer der ulkigsten Orte Frankfurts. Fast niemand, der nicht zufällig vorbeiläuft oder weiß, dass es ihn gibt, käme auf die Idee, ihn zu suchen. Es ist auch schwer, den Platz zu finden, denn er ist auf keiner offiziellen Karte verzeichnet und außerdem vom früheren technischen Rathaus weggezogen: der Happy Germany Platz.

Nach seinem Umzug liegt der Platz nun etwas versteckt zwischen Sandweg und Berger Straße im Baumweg. Schade eigentlich. Denn der Blick auf das Schild, das sich dem Passanten beinahe in den Weg stellt und auf dem in roten Lettern prangt »Happy Germany Platz«, treibt einem unwillkürlich ein Lächeln ins Gesicht. Sieht man sich um, fällt der Blick auf den niedrigen Bau mit der Hausnummer 20, der verspricht: »Glück ist jetzt«. Und wenn es stimmt, dass wir nicht lachen, weil wir glücklich sind, sondern glücklich sind, weil wir lachen, dann löst sich das Versprechen ein. Denn dieser kleine Laden, in dem diverse Designer kleine Regale für ihre Produkte auf Kommission mieten können, lässt wohl jeden zumindest schmunzeln. Da gibt es beispielsweise upgecycelte DVD-Hüllen (in jeder sichtbar ein Made-in-Happy-Germany-Siegel), die ironischen oder einfach komischen Welten, die Frank Kunert erschafft, fotografiert und auf Postkarten verkauft, die Blumentasche von blümmerlin, aber auch die gelb leuchtende Blume vom Hauptmieter des Ladens Jan Johl, mit der man eine Fahrradlampe, einen Kerzenständer oder auch einen Türknauf aufhübschen und sofort fröhlicher aussehen lassen kann. Auch diese Blumen tragen auf der Rückseite das Versprechen »Glück ist jetzt« und »Made in Happy Germany«. Die kleine Variante kann man sogar für nur einen Euro kaufen. Die Große für vier Euro.

Wer noch etwas mehr Wärme für das Glück braucht: Im Happi.Nest.Club.Café gibt's selbst gebackene Kuchen und biologischen Kaffee. Und bei den Glüxxxfesten, die hier an jedem ersten Samstag im Monat steigen, feiert man das Glück herbei.

Glück ist jetzt · Baumweg 20 · 60316 Frankfurt · Tel.: 069-94340394 · www.glueckistjetzt.de
ÖPNV: U-Bahnhof Merianplatz

Meditative Ruhe mitten in der Stadt

29

Diese kleine grüne Oase ist vermutlich das größte exotische Stück Frankfurt. Sie war ein Geschenk der chinesischen Partnerstadt Guangzhou, angelegt nach dem Vorbild der berühmten Shuikou-Gärten der chinesischen Provinz Anhui. Hier kann man inmitten der Großstadt Ruhe tanken und asiatische Weisheit erfahren.

Der große Spiegelpavillon spiegelt sich im Wasser, von irgendwoher hört man beruhigendes Plätschern, auf einem kleinen Felsen steht ein runder, zart wirkender Pavillon, dessen spitzige Dachecken sich in den Himmel schwingen. Die in den Teich ragende Zickzackbrücke soll nicht nur Geister fernhalten, sondern auch den Menschen dazu bringen, die Blickrichtung zu ändern – eine typisch asiatische Weise, daran zu erinnern, dass man Dinge aus verschiedenen Perspektiven betrachten sollte. Wenn man vorbei an den steinernen Löwen durch das elf Meter hohe und imposante Ehrentor den Garten des Himmlischen Friedens betritt, fühlt man sich schlagartig in einer anderen Welt. Und das passt. Stellt doch dieses Ehrentor eine beson-

▶ Wer sich intensiver mit dem Chinesischen Garten beschäftigen möchte: Führungen sind nach Vereinbarung mit dem Grünflächenamt möglich (Tel.: 069 21230208, www.gruenflaechenamt.stadt-frankfurt.de).

dere Durchgangsstation dar: Es steht für den Übergang einer Person von einem Status zu einem anderen. Im kaiserlichen China zeigte ein solches Ehrentor Beamtenanwärtern beim Durchschreiten an, dass sie es geschafft hatten. Im oberen steinernen Aufbau des Tors sieht man den Drachen, der dem eigentlich Drachentor genannten Eingang den Namen gab und in China Macht, Stärke, Weisheit und den Hoheitsbereich des Kaisers symbolisiert. Auf den chinesischen Zeichen darunter ist der ursprüngliche Name eingemeißelt: Frühlingsblumengarten. Ursprünglich hätte dieser Ort der Ruhe nämlich so heißen sollen. Wegen des brutalen Vorgehens des chinesischen Staates gegen die Demonstranten am Platz des Himmlischen Friedens wurde er in »Garten des Himmlischen Friedens« umgetauft.

Chinesischer Garten · 60316 Frankfurt · ÖPNV: U-Bahnhof Merianplatz

59

30 Villa Sandweg

In Frankfurt gibt es einige Läden, in denen verschiedene Designer ihre handgemachten Waren verkaufen. Sie haben zwar Öffnungszeiten wie ganz normale Geschäfte, ein bisschen anders sind sie aber doch. Ein schöner Laden mit Atelier ist die Villa Sandweg: Kreative Leuchten zaubern ein schönes Licht. In die bunten Kissen in den weißen Regalen oder auf der weißen Bank möchte man sich am liebsten kuscheln. Aber auch kunstvolle Seifen, ätherische Öle oder Accessoires gibt es hier. In den Räumen kann man nicht nur Schönes kaufen, sondern auch mal Kreativen über die Schulter sehen oder bei einem Workshop selbst kreativ werden.

Villa Sandweg · Sandweg 106 · 60316 Frankfurt · Tel: 069 40563051 · www.villasandweg.com
ÖPNV: U-Bahnhof Höhenstraße

31 Kreis zu Quadrat

Handyhüllen aus Feuerwehrschläuchen, Täschchen aus bunten Badekappen, Stofftiere aus Jeans. Ob Kleidung, Accessoires, Lampen, Möbel, Wohndekoration, Postkarten usw.: Wegwerfen ist out. Erst recycelte man, inzwischen ist man bei Upcycling und Ecocycling angekommen. Auch wenn die lustigen bis schönen Dinge in diesem Laden Geschichten haben und vor Mülltonne oder Verschrottung bewahrt wurden: Beim Gucken sieht man, dass das Konzept nichts mit oller, vielleicht etwas bieder wirkender Öko-Seligkeit zu tun hat, sondern gute oder pfiffige Ideen im Vordergrund stehen. Mit Kreis zu Quadrat hat das unmöglich Erscheinende, nämlich aus etwas Altem etwas Neues zu machen, 2013 einen Laden bekommen.

Kreis zu Quadrat · Berger Straße 214 · 60385 Frankfurt · Tel.: 069 96867910
www.kreiszuquadrat.de · ÖPNV: U-Bahnhof Bornheim Mitte

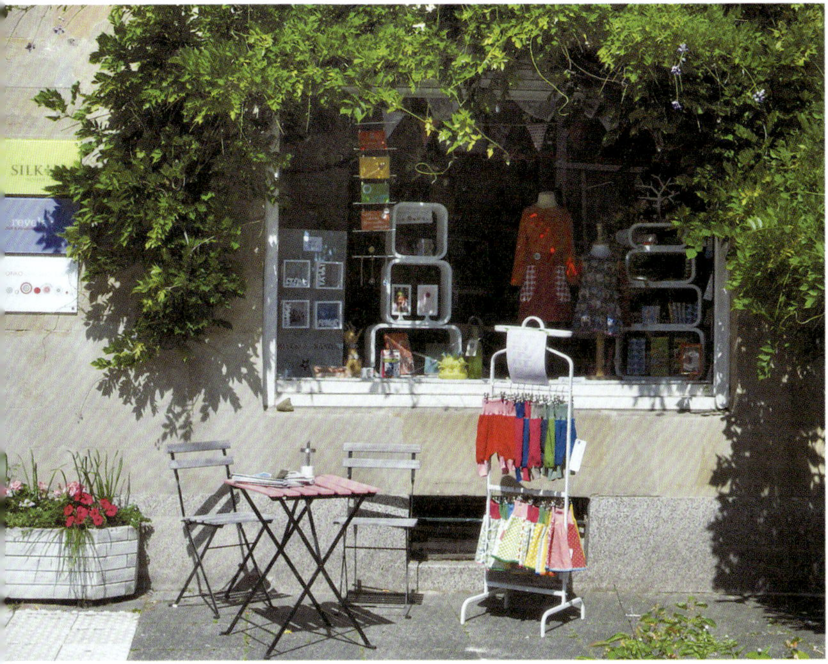

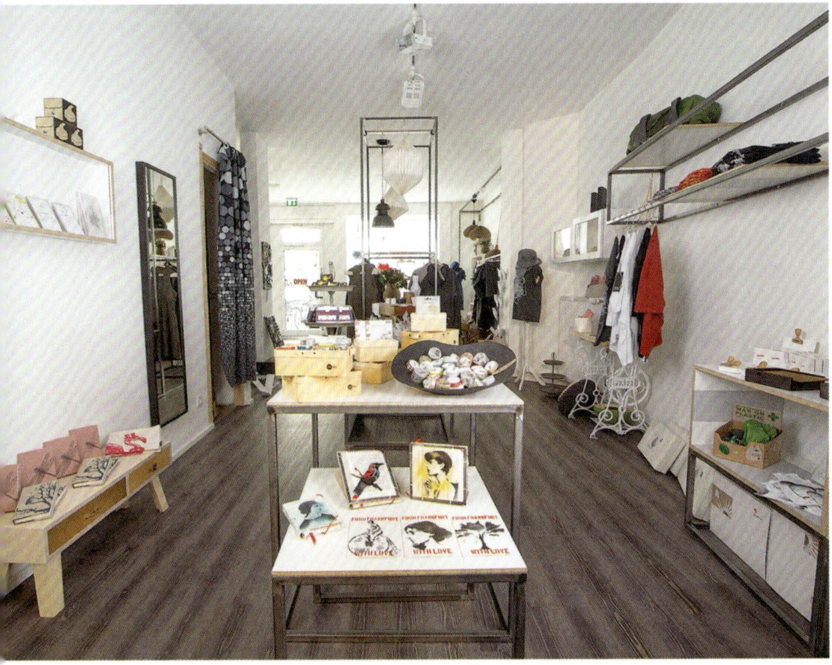
FROM FRANKFURT
WITH LOVE

Erster veganer Supermarkt der Mainmetropole

Veganz ist ein kleines Schlaraffenland für Veganer, die hier sorglos und ohne genaue Prüfung alle Waren in ihren Einkaufskorb gleiten lassen können. Aber auch wer mit Lederschuhen und Plastiktüten umliegender Supermärkte hineinhastet, bekommt ein »tierisch« nettes Lächeln. Die Kuchen und Torten hier sind ein Gedicht.

Das ist schon ulkig. Wenn man von der Berger Straße aus kommt, steht ausgerechnet hinter dem Bernemer Wurstmax und dem türkischen Imbiss Der-ki samt dazugehörigem Fleischgeruch der erste vegane Vollsortiment-Supermarkt Hessens, der gleichzeitig der zweite Deutschlands und einer von nur wenigen in Europa ist. Dort, wo heute »Veganz« steht, prangte früher das Schild der Schlecker-Filiale. Irgendwie passt das alles. Denn wer zu Veganz geht, braucht kein schlechtes Gewissen zu haben, wenn er vorher vielleicht tatsächlich beim Wurstmax eine *Worscht* oder beim nahen Türken einen Döner gegessen hat und nur in den Laden kommt, weil er eine Milchallergie hat und in diesem Supermarkt, der nur rein pflanzliche Produkte verkauft, leicht Ersatz für herkömmlichen Käse aus Tiermilch und ein schöne Auswahl an Sojamilch für den Latte macchiato findet. Viele werden auch durch die gesunden Gerichte oder die leckeren Kuchen oder fantastisch aussehenden Bagels angelockt.

Auf den rund 200 Quadratmetern werden von Trinkhanf über Tiefkühlpizza bis hin zu Tampons nur Lebensmittel und Waren verkauft, die frei von tierischen Bestandteilen sind. Denn vegane Lebensgewohnheiten hin oder her: Der Gründer der Kette, Jan Bredack –, der seinen Job als Mercedes-Manager an den Nagel hängte, sieht's pragmatisch, »ohne missionarische Ansätze«. Schließlich wirbt der Laden mit dem Motto: »Wir lieben Leben.«

Interessant ist auch, dass es hier Produkte gibt, die sonst nirgends in Deutschland erhältlich sind. Da die US-amerikanische vegane Szene viel weiter entwickelt ist als die deutsche, stammt vieles aus dem Sortiment aus dem Mutterland des Burger.

Veganz · Spessartstraße 2 · 60385 Frankfurt am Main · Tel.: 069 23807792 · www.veganz.de
ÖPNV: U-Bahnhof Bornheim-Mitte

Wiener Kaffeetradition in der Gärtnerei

33

Auf einer Terrasse mit Blick auf Blumen Kaffee und Kuchen genießen und beim Warten vielleicht schon mal zwischen den Pflanzen stöbern. Seit das kleine Café »CooCoo« seinen zentralen Platz nahe der U-Bahn-Station Bornheim Mitte gegen die blühende Umgebung der Gärtnerei Klumpen getauscht hat, ist das möglich.

Im Rhythmus der Vegetation erblickt man in dieser kleinen Idylle oberhalb des Günthersburgparks dauernd neue Umgebungen, denn der Blumenbestand der Gärtnerei Klumpen ändert sich praktisch täglich. Wo gestern noch Primeln gold-gelb strahlten, leuchten morgen vielleicht schon Stiefmütterchen und blühen zwei Wochen später womöglich bereits Maiglöckchen oder Pfingstrosen.

Wer erst mal auf der kleinen Terrasse zwischen den Blumen sitzt, wird garantiert schwach und kauft nach der süßen Stärkung noch Pflanzen, mit denen sich etwas von dieser kleinen Oase in die eigenen vier Wände mitnehmen lässt. Allerdings sollte man sich bei »CooCoo« tatsächlich besser an Kaffee und Kuchen halten als an die zum Mittagessen angebotenen Speisen. Denn das, was man ansonsten für einen Betrag zwischen 10 und 14 Euro auf den Tisch bekommt, ist zwar wirklich lecker, vegetarisch, vegan und noch dazu bio – die Portionen sind jedoch recht klein. Zu empfehlen sind auf jeden Fall Käsekuchen mit Baiser, Apfelkuchen sowie der hervorragende Espresso und Kaffee.

Dass der Kaffee im »CooCoo« besonders gut schmeckt, liegt daran, dass die Inhaberin und Diplom-Chef-Kaffee-Sommeliere Monika Stojanovska in ihrem Café eine eigene kleine Röstmaschine hat, die extra für sie von Hand hergestellt wurde.

Erworben hat sie sich ihren Titel übrigens in Wien – wo auch sonst, möchte man fast fragen. Ist doch kaum eine Metropole der Welt so sehr mit diesem dunklen und dampfenden Getränk verbunden wie Wien mit seiner unvergleichlichen Kaffeehauskultur.

Café CooCoo in der Gärtnerei Klumpen · Dortelweiler Straße 87 · 60389 Frankfurt am Main
Tel.: 069 95638708 · http://cafecoocoo.de/ · ÖPNV: Bushaltestelle Bornheimer Friedhof

34 Einmal richtig durchatmen

Der Huthpark gehört zu den eher unbekannteren Frankfurter Grünflächen. Dabei kann man sich hier, leicht erhöht und abseits der Stadt, herrlich den Kopf durchpusten lassen. Beim Blick auf die riesige Rasenfläche und die tolle Lage nahe dem Lohrberg kann man sich lebhaft vorstellen, welche Wohltat dieser zwischen 1910 und 1930 als Volkspark angelegte Garten für die Menschen, die sich in der Stadt in beengten Verhältnissen drängten, gewesen sein muss. In dem weitestgehend im Originalzustand erhaltenen Park findet man daher heute Bäume, die zum Teil älter als 100 Jahre sind, außerdem eine schöne Allee, Blutbuchen und einen Fitnessparcours.

Huthpark · Frankfurt am Main (Stadtteil Seckbach) · ÖPNV: Bushaltestelle Unfallklinik/B3

Café mit Aussicht

Seit September 2012 ist Frankfurt um ein echtes Kleinod reicher. In das jahrelang verwahrlost wirkende Rondell im Huthpark ist nach einer gelungenen Sanierung ein Café mit dem hübschen Namen »Bergstation« eingezogen. Die Lage ist einmalig, der Blick durch die große Glasfront auf den Park wunderbar. Und im Sommer kann man auch draußen sitzen. Die Pläne für das 1929 als Umkleidekabine erbaute und heute denkmalgeschützte Rondell sind von Eugen Kaufmann (1892–1984). Der kann seine Herkunft kaum verleugnen: Die Proportionen weisen auf den Mitstreiter und Mitarbeiter Ernst Mays (1886–1970) beim Aufbau des »Neuen Frankfurt« hin.

Bergstation Frankfurt · Probst-Goebels-Weg 17 · 60389 Frankfurt am Main · Tel.: 069 47881499
www.bergstation-frankfurt.de · ÖPNV: Bushaltestelle Zentgrafenschule

36 Besuch bei einer internationalen Künstlertruppe

Von der Sommerwerft sind sie einigen bekannt. Dass man nicht nur ihre Körperkunst bestaunen, sondern auch noch das Leben der »Antagonisten« auf einem Industriegelände kennenlernen kann, weiß man gemeinhin nicht. Ebenso wenig, dass Begeisterte bei ihnen auch an Workshops teilnehmen können.

Seit Jahren schon lockt antagon theaterAKTion mit akrobatischen, musikalischen und bildmächtigen Inszenierungen zahlreiche Fans zur Sommerwerft an den Main, wo sie mit ihren alljährlichen Spektakeln begeistern. In Frankfurt-Fechenheim, im Umfeld ehemaliger Industriekultur, schön gelegen zwischen Bäumen, stehen ihre nostalgisch anmutenden Wohnwagen aus Holz, und manchmal auch die weiße Jurte, die die Aktionstheater-Truppe auch auf manche Reisen begleitet. Die Vehikel zeigen, dass die, die hier wohnen, oftmals unterwegs zu Hause sind.

Auf dem 5000 Quadratmeter großen Gelände des dazugehörigen Kulturvereins Protagon machen die Antagonisten vor, wie die Welt als Familie zusammenleben kann. Die Künstler der bunt zusammengewürfelten Truppe stammen aus Finnland, Polen, Brasilien, Ungarn, Rumänien, Italien oder Mexiko. Ihre Inszenierungen kommen gut ohne Worte aus, und antagon theaterAKTion ist entsprechend auch in aller Welt unterwegs.

▶ **Achtung: Vorher erkundigen, ob jemand da ist. Die Truppe könnte auf Tournee sein. Über Termine informiert die Website.**

Für Besucher sind die Antagonisten offen. Und wer mag, kann bei offenen Trainings oder Workshops gemeinsam mit den Künstlern des Ensembles tanzen, improvisieren und sich auf ein experimentelles Training einlassen. Jeden Montag gibt es offenes Training. Seit Neuestem unterrichtet eine Brasilianerin auch Samba, ebenfalls auf Spendenbasis. Wer interessiert ist, aber den eigenen Körper lieber nicht in Bewegung bringen möchte, kann auch einfach mal bei einer offenen Probe zusehen.

antagon theaterAKTion · Orber Straße 57 · 60386 Frankfurt am Main · Tel.: 069 94147717
www.antagon.de und http://protagon.net · ÖPNV: Bushaltestelle Sontraer Straße

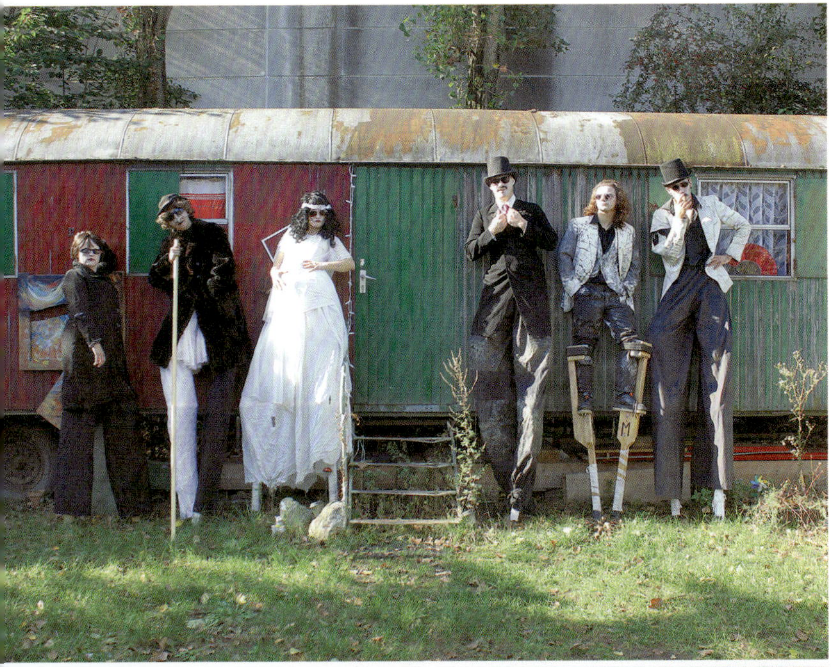
M

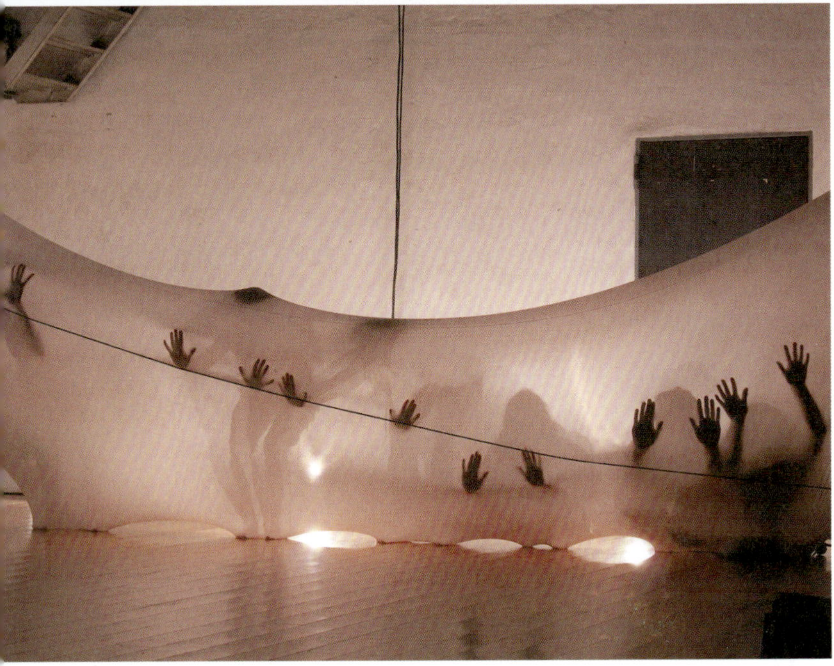

Oldtimer im Industrie-denkmal

Die Automeile Hanauer Landstraße ist nicht weit entfernt. Doch während man dort Fahrzeuge findet, die heute überall durch die Straßen brausen, kann man in der Klassikstadt Oldtimer bestaunen. Denn mit der Klassikstadt ist in Fechenheim unter anderem ein neuer Platz für »alte Schlitten« entstanden.

Wer durch die Etagen der ehemaligen Mayfarthschen Werke mit den schönen Bodenflächen und typischen Bogenfenstern flaniert, sieht Maybach neben Maserati, Studebaker neben Rolls-Royce, Jaguar neben Ferrari und glaubt sich plötzlich angesichts der polierten, wunderbar geschwungenen Prachtexemplare in einer anderen Zeit. Spezialisierte Werkstätten bringen edle Oldtimer auf Trab, hier kann man besondere Versicherungen für das Liebhaberauto erwerben, mit dem nötigen Kleingeld historische Automobile kaufen – oder einfach nur schauen und staunen.

Doch das schöne Ambiente lässt fast vergessen, dass hier einmal gearbeitet und produziert wurde. Um Maschinen ging es dabei immer, später auch um Zylinder und auch um viel Geld. Die Mayfarthsche Fabrik wurde zwischen 1908 und 1910 erbaut und produzierte zunächst landwirtschaftliche Maschinen, im Zweiten Weltkrieg arbeitete sie auch für die Wehrmacht. Nach dem Krieg wurden u.a. Buchdruckschnellpressen und Lokomotiv-Speisewasserpumpen produziert. Als das dreiflügelige Ensemble aus Backstein Bundeseigentum wurde, war hier sogar die schwer bewachte Bundesdruckerei für 50-DM-Scheine untergebracht. Nach der Übernahme 1975 durch die Bundeswehrverwaltung lagerten hier einige Jahre lang Zolluniformen.

▶ **In der Werkskantine kann man moderne Frankfurter Küche mit Blick in Oldtimer-Werkstätten genießen. Statt Kantinenkost werden hier feine Gerichte von Exenberger serviert.**

2010 eröffnete dann die Klassikstadt, die auf vier Stockwerken automobile Kultur erlebbar macht und demonstriert, dass alte Industriedenkmäler gelungen umgestaltet werden können.

Klassikstadt GmbH · Orber Straße 4a · 60386 Frankfurt am Main · Tel.: 069 40896980
www.klassikstadt.com · ÖPNV: Bus- und Straßenbahnhaltestelle Cassellastraße

Einmal Totes Meer und zurück

Eine der schönsten künstlichen Ruhe-Oasen Frankfurts befindet sich an der Hanauer Landstraße. Hier kann man richtig loslassen und endlich alle Muskeln entspannen. Das ist schöner als Bett oder Badewanne und eignet sich hervorragend als Geschenk. Und »floaten« kann man bei Medusen Float allein oder zu zweit.

Elegant im Wasser schwebende, zart wirkende und fast transparente Quallen in einem Aquarium machen vor, was einen bei Medusen Float erwarten kann. Sie sehen aus wie eine Kunstinstallation. Anders als die bläulich beleuchteten Wasserwesen kann man sich als Gast jedoch aussuchen, ob man mit Licht oder im Dunkeln, mit Musik oder in absoluter Stille »floaten« (das heißt an der Oberfläche stark salzaltigen Wassers schweben) möchte. Vor beengten und möglicherweise Platzangst auslösenden Floating-Tanks muss man hier keine Angst haben.

▶ **Ganz in der Nähe, in der Hanauer Landstraße 127, befindet sich das Restaurant »Goldman«. Hier bekommt man gutes Essen und ebensolche Weine in einem schönen Ambiente.**

Eine Kabine mit einem großen, weißen Becken verheißt eine perfekte Mischung aus autogenem Training, ohne sich auf irgendetwas zu konzentrieren, Physiotherapie ohne Bewegung, Liegen, das wie Fliegen ist, und einem unglaublich entspannten Zustand zwischen Wachsein und Schlafen. Spätestens mit dem Wegfall des Körpergewichts im etwa 35 Grad warmen Solewasser sollte auch die eigene Anspannung abfallen. Und die Haut wird durch das Solewasser weich gepflegt.

Nach dem »Floaten« kann man sich in einem schönen Sandraum, der Beach Cabana, bei künstlicher Sonne auf bequemen Liegen langsam in die Wirklichkeit hineinentspannen. Auch Massagen wie etwa manuelle Lymphdrainage, Fußreflexzonenmassage oder Aromamassage kann man zum perfekten Wohlfühlgenuss buchen. Das Resultat eines Aufenthalts im Medusen Float ist Entspannung pur.

Medusen Float · Hanauer Landstraße 187 · 60314 Frankfurt am Main · Tel.: 069 90436556
www.medusenfloat.de · Straßenbahnhaltestellen Schwedler Straße, Osthafenplatz

Orientalisches Büfett

Ein Abend im »Mamoona Cuisine« ist ein Streifzug durch ein sättigendes Märchen aus 1001 Nacht. Hier gibt es authentische marokkanische Küche, von einer echten marokkanischen Mutti gekocht – die Mutter des Inhabers steht hier am Herd. Und wer Glück hat, ergattert sogar einen Platz in einem echten marokkanischen Zelt.

Wer sich durch die orientalische Küche schlemmen möchte und angesichts der vielen Köstlichkeiten und herrlichen Gewürz- und Gechmacksrichtungen rasch an der Qual der Wahl leidet, ist bei »Mamoona Cuisine« richtig. Es gibt ein Büfett, sodass man einfach von allem probieren kann. Die vegetarische Variante kostet 20 Euro, die mit Fleisch und/oder Fisch 26,50 Euro. Ein kleiner Nachtisch ist im Preis enthalten, Getränke bezahlt man extra. Ungefähr 20 verschiedene Vorspeisen sowie diverse würzige oder auch scharfe Soßen und fünf Hauptspeisen aus der Tajine (in der Regel Huhn, Wachtel, Lamm und Fisch) warten auf hungrige Gäste.

Einige Plätze bietet das marokkanische Zelt, aber auch die vorgelagerte Lounge mit gusseisernen Laternen und Wandleuchten verströmt dezent orientalisches Flair. Bei der schönen Gestaltung und Konzeption des »Mamoona Cuisine« hat übrigens der Chef Ghani Bibaoune, ein gelernter Tischler, persönlich Hand angelegt, unterstützt von einer befreundeten Designerin. Wenn Bibaoune vor Ort ist, lässt es sich der sympathische Marokkaner in der Regel nicht nehmen, mit seinen Gästen zu plauschen, nach dem Rechten zu sehen und marokkanische Gastfreundschaft zu beweisen.

Wer nun glaubt, den Namen Mamoona zu kennen, aber noch nicht in der Hanauer Landstraße vom Büfett gekostet hat: Unter dem Namen Lala Mamoona erweckte Bibaoune schon das frühere Toilettenhäuschen im Anlagenring an der Zeil aus seinem Dornröschenschlaf. Als ihm das kleine Schmuckstück zu klein für seine vielen Ideen wurde, sah er sich nach etwas Größerem um und hat im Ostend einen Ort gefunden, der anscheinend auf ihn und seine Ideen gewartet hat. Ein Frankfurter Märchen.

Mamoona Cuisine · Hanauer Landstraße 2 · 60314 Frankfurt am Main · Tel.: 069 17427597
www.mamoona-cuisine.de · ÖPNV: S-Bahnhof Ostendstraße, Straßenbahnhaltestelle Allerheiligentor

75

Chillen an Frankfurts einzigem See

Hier fehlen eigentlich nur noch die blau-weiß geringelten Badean-zuge, denn das hinter hohen Bäumen versteckte Schwimmbad am Schwedler See hat etwas geheimnisvoll Nostalgisches. Kein Wunder, diente doch diese kleine Badeoase ab 1921 dem 20 Jahre zuvor ge-gründeten ersten Frankfurter Schwimmclub.

Der Schwimmclub trainierte hier bis in die 1960er-Jahre. Auch wenn der See seitdem um ein Drittel verkleinert wurde, weil er zugeschüttet wurde, um Lagerhallen zu errichten, kann man dort heute noch immer schwimmen – vorausgesetzt, man ist Vereinsmitglied. Und vorausgesetzt, man hat keine Angst vor Fischen. Denn in dem durchschnittlich 2,40 Meter tiefen See sollen sich auf rund 9500 Quadratmetern so ziemlich alle hei-mischen Fischarten tummeln. Aber auch ohne zu schwimmen ist dies ein

wunderbarer Ort, mitten im ehemaligen Hafengebiet des Frankfurter Ost-
hafens. Das weiß das Team des Schwedler Sees auch, das auf der Website
mit »Urlaub in der Stadt« wirbt. Wie die meisten Urlaube ist auch dieser
nur bei gutem Wetter wirklich schön. Daher sollte
man sich vorher über die Website oder Facebook
informieren, ob die See-Idylle geöffnet hat. Falls ja,
dann kann man an Frankfurts einzigem See ent-
spannt sitzen und bei dem kleinen Kneipenbetrieb
auch etwas essen und trinken. Das Angebot ist
eine einfache, aber schmackhafte und bezahlbare
Mischung aus hessischer und mediterraner Küche.

▶ **Damit man wirklich
ermessen kann, wo man sich
befindet, lohnt es sich, durch
das etwas raue Gebiet mit
Lagerhallen, Lastwagen, still-
gelegten Gleisen und Contai-
nern rund um den Schwedler
See zu streifen und nicht den
direkten Weg zur Straßen-
bahnhaltestelle zu nehmen.**

In diesem einzigartigen Ambiente lässt sich natürlich auch wunderbar Party machen. Nach dem
Motto »Feiern im Freien – solange es Sommer ist!« findet sich zu »Lazy«
eine bunte Mischung aus Jung und Alt hier ein. Es ist auch möglich, die
Anlage für Hochzeiten zu buchen.

Schwimmclub Schwedler See · Schwedlerweg · 60316 Frankfurt am Main · Tel.: 069 37304907
www.schwedlersee.de · ÖPNV: Straßenbahnhaltestelle Schwedlerstraße

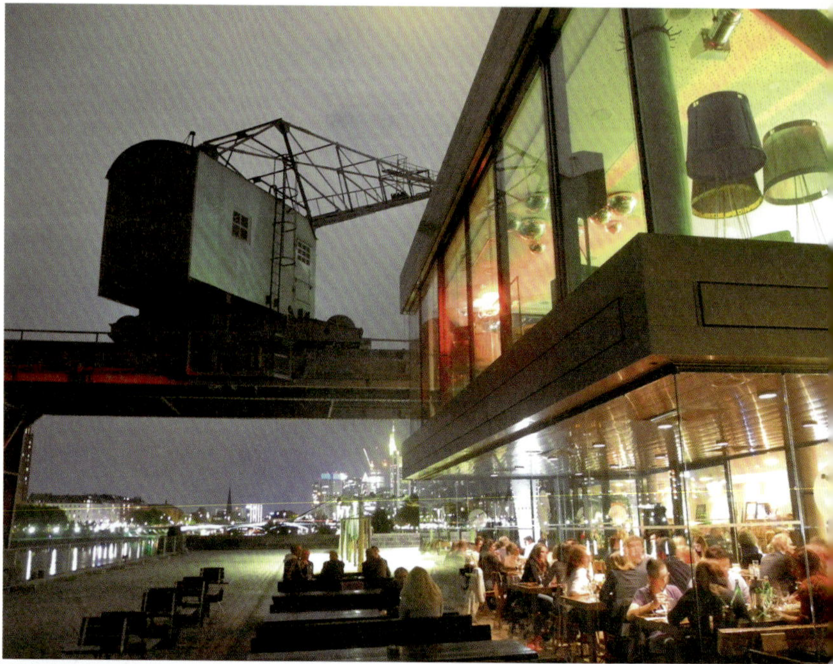

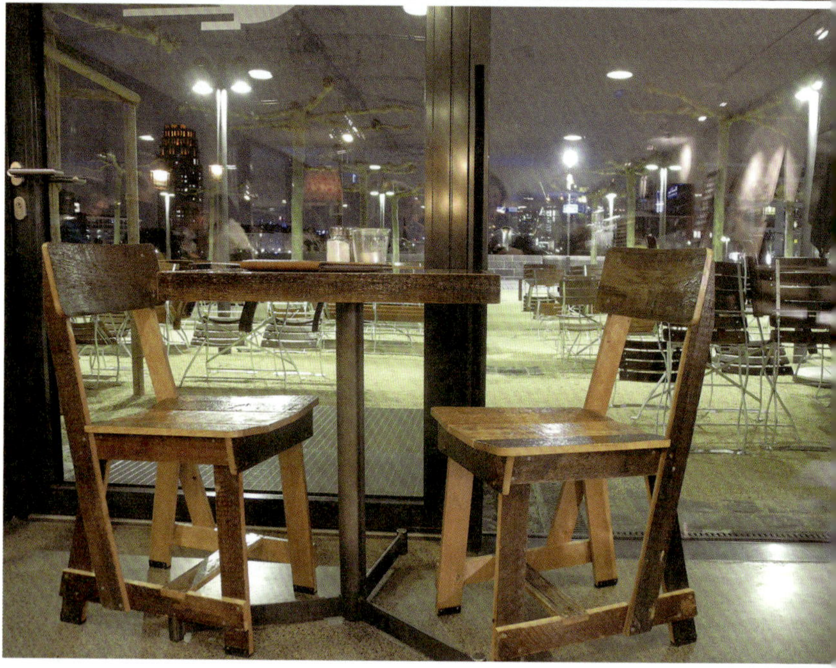

Das Ostend upcycled

Ein gelungenes Beispiel für die Integration des Industrie-Erbes findet man an der ehemaligen Ruhrorter Werft. Nicht nur dank der großen Fenster und Terrassen gibt's dort tolle Aus- und Einsichten. Auch fürs leibliche Wohl sorgt die im Frühjahr 2013 eröffnete Realwirtschaft aus Restaurant, Bar, Lounge, Café und Biergarten.

Der Blick von der obersten der insgesamt drei Terrassen ist großartig, die Integration des gläsernen Würfels in den alten Verladekahn gelungen und die Lage am Main sowieso schön. Solange an der Europäischen Zentralbank (EZB) noch gebaut wird, wird man den Weg entlang der Bauzäune etwas suchen müssen, wenn man nicht vom Main her kommt. Aber die Suche lohnt sich: Bekommt man doch im neuen Oosten – erbaut vom Architekturbüro Schubert & Seuss – einen guten Eindruck davon, was im Ostend passiert (inklusive der Preise, die waren beim früheren Pflasterstrand und ohne EZB günstiger als im neuen Oosten).

Die aus recyceltem Holz gezimmerten Möbel der Realwirtschaft Oosten sind alle individuell gefertigt und verbreiten ganz dezent etwas Hafenatmosphäre. Viele der kleinen Leuchten sind übrigens aus den Gläsern einer bekannten Marmeladenmarke gemacht. So einfach kann's sein. Upcycling heißt das, was Möbel-Designer Piet Hein Eek im Oosten betrieben hat. Denn Hein Eek arbeitet mit alten, bereits genutzten Materialien. Materialien, die mal einen Zweck erfüllt haben, deren Zeit aber scheinbar abgelaufen ist, verwandelt er in originelle und exklusive Design-Möbel. Und so ist diese neue Realwirtschaft ein wunderbarer Ort, um mit Blick auf die industrielle Vergangenheit des Viertels und die sichtbar in die Höhe schießende Zukunft des Ostends zu philosophieren. Upcycling scheint zum Prinzip des Ostends zu werden. Schließlich integriert der gläserne, leicht gewundene EZB-Bau von Coop Himmelblau auch die frühere Großmarkthalle.

▶ **Von der Deutschherrenbrücke (Eisenbahnbrücke) hat man eine tolle Sicht auf Skyline und Oosten.**

Oosten – Realwirtschaft am Main · Eyssenstraße 4 · 60314 Frankfurt am Main
Tel.: 069 94 94 25 68 0 · www.oosten-frankfurt.com · ÖPNV: Bahnhof Frankfurt Ost, U-Bahnhof Ostbahnhof, Straßenbahnhaltestellen Ostbahnhof/Honsellstraße, Osthafenplatz

42 Wo und warum weniger besser ist

Nun, da es das Frankfurter Zimmer gibt, fragt man sich, wie es bisher fehlen konnte. Mit der Wiedereröffnung des Museums Angewandte Kunst gibt es neben der neuen Ausstellungsarchitektur erstmals einen permanenten Ort für Frankfurter Design. Die Objekte und Themen im Frankfurter Zimmer wechseln halbjährlich.

Das Museum Angewandte Kunst hat sich verändert. Inzwischen kann man hier wieder die ursprüngliche Architektur des amerikanischen Architekten Richard Meier aus dem Jahr 1985 sehen. Die Vitrinenlandschaft ist verschwunden, der Blick auf den Garten ist nicht mehr verhängt, sondern eine flexible Raum-in-Raum-Struktur schützt empfindliche Objekte vor zu starkem Licht. Und statt einer statischen, nach Epochen und Herkunft gegliederten Dauerschau sollen Besucher in wechselnden Ausstellungen künftig aufschlussreiche Bezüge zwischen den gezeigten Stücken erkennen können.

▶ **Das neue Museumsbistro wird von Tomasz Palenicek, Mitbegründer der Bar »Moloko«, betrieben. Hier wird die Ernte des Urban-Gardening-Projekts verarbeitet.**

Mit dem Frankfurter Zimmer wurde zum ersten Mal ein fester Ort für Frankfurter Design geschaffen. Besucher können hier anhand von Lampen oder Tonbandgeräten, Stühlen oder Tischen erkunden, ob sich in Frankfurt eine besondere Design-Haltung entwickelt hat. Unverkennbar gilt in dem weißen Raumkonstrukt mit Parkettboden, das zum Start eine Übersichtsschau verschiedener Frankfurter Designer zeigt (schwerpunktmäßig Dieter Rams und Ferdinand Kramer, aber auch Hans Leistikow, Günter Kieser, Gunter Rambow oder Wolfgang Schmidt), das Motto »Weniger, aber besser«. Auch wenn die Schwerpunkte und Designer im Frankfurter Zimmer wechseln – dieses Credo sollen Besucher bei jedem neuen Besuch mal mehr, mal weniger subtil erkennen können. Im halbjährlichen Wechsel geben sich künftig die Protagonisten des Frankfurter Designs aus den Jahren 1925 bis 1985 im Frankfurter Zimmer quasi die Klinke in die Hand.

Museum Angewandte Kunst · Museumsufer · Schaumainkai 17 · 60594 Frankfurt am Main
Tel.: 069 212-340 37 · www.museumangewandtekunst.de · ÖPNV: U-Bahnhof Schweizer Platz, Straßenbahnhaltestelle Schweizer Straße/Gartenstraße, Bus 46 Eiserner Steg

Imbiss an der »Istanbul«

Seit 2005 liegt Istanbul im Main – damals schwappte eine Idee vom Bosporus nach Frankfurt. Statt an der Galata-Brücke liegt das Dönerboot zwischen Untermainbrücke und Eisernem Steg. Nachahmer wird die charmante Idee nicht finden – ein Grund mehr, hier mit »Merals« leckeren Speisen ein Stückchen Türkei zu genießen.

Der Makrelen-Döner aus dem Bosporus gehört zu einem Istanbul-Aufenthalt wie eine Bootsfahrt über die Meerenge zwischen Europa und Asien samt türkischem Tee. Makrelen und türkischen Tee gibt es auch in »Merals« schwimmender Imbissbude. Die allerdings verbindet nicht Hibb de Bach und Dribb de Bach (also nördliche Mainseite und Sachsenhausen), sondern schunkelt vertäut am Sachsenhäuser Ufer.

Um die Tradition der Istanbuler Fischboote und seine Erfahrungen aus dem deutschen Dönergeschäft zu verbinden, hat der gebürtige Istanbuler Meral monatelang ein deutsches Marineschiff aus dem Jahr 1944 umgebaut. Statt Kriegsgerät wandern nun auf der »Istanbul« Makrelenfilets, Döner, türkischer Tee oder seine berühmte Ominade (eine täglich nach einem Geheimrezept seiner Oma frisch zubereitete Zitronenlimonade) über die Bordplanken.

▶ Bei »Meral« gibt's wochentags zwischen 12 und 15 Uhr auch Mittagstisch: Eine Hauptspeise inklusive Beilagen, eines Getränkes und eines Glases Tee kostet 6 Euro.

Ironie des Schicksals: Drei Jahre lang war Frankfurt damit mehr Istanbul als die Metropole am Goldenen Horn. In der Anfangsphase zwischen 2004 und 2007 hatte Istanbul die Fischboote verboten, da diese das Wasser zu sehr verschmutzten. Damit wird man in Frankfurt nicht rechnen müssen: Natürlich wollten auch andere die Idee eines schwimmenden Imbisslokals aufgreifen, allerdings sprach sich der Magistrat bisher dagegen aus. Somit bleibt »Meral« wohl ein charmantes Unikat vor der Skyline. Er verköstigt nicht nur auf den Mainuferwiesen oder direkt am Ufer fläzende hungrige Menschen, sondern auch die Passanten, die auf Schiffen vorbeifahren.

Meral Event · Istanbul-Boot · Gegenüber Schaumainkai 35 · 60594 Frankfurt am Main
Tel.: 0162 4353304 · www.meral-event.de · ÖPNV: Straßenbahnhaltestelle Schweizer-/Gartenstraße

Zeitgenössische Kunst unter freiem Himmel

Immer dann, »wenn bei Capri die rote Sonne im Meer versinkt«, geht seit April 2013 auch am Frankfurter Mainufer der »Capri Moon« auf. Er ist Teil einer Gartenskulptur von Tobias Rehberger, die mit weiteren Skulpturen den Garten rund um das Städel Museum zu einem Freiluftareal für Kunst macht.

»Wenn vom Himmel die bleiche Sichel des Mondes blinkt«, die Vico Torriani ehemals besang, erstrahlt die weiße Kugel in einer Ecke des Gartens unter einem Baum mit einer weißen Sitzbank. Der Lampion hängt dort immer, leuchtet aber nur dann, wenn auch über dem früheren Sehnsuchtsziel vieler Deutscher und Inbegriff der Romantik, der Insel Capri, der Mond scheint. Diese hübsche Idee, wie gemacht für einen Park, hat im »Städel Garten« bei aller Romantik auch etwas Ironisches. Auch wenn man von der Bank aus sogar auf die Skyline blicken kann. Tobias Rehbergers »Capri Moon« aus dem Jahr 2011 ist eines von mehreren installativen und teilweise interaktiven Gartenkunstwerken, die seit 2013 im »Städel Garten«, in dem man die Außenskulpturen bis dahin fast an einer Hand abzählen konnte, zu sehen sind.

▶ In regelmäßigen Abständen wird das Gartengelände rund um das Städel Museum auch bespielt. Über Performances, Filme und Ähnliches informiert die Website des Städel Museums.

Nicht nur der Garten ist wie gemacht für Kunst im Freien. Auch einige der neuen Kunstwerke sind wie gemacht für einen Garten. Olaf Nicolais »Shutter's Lullaby / Ellipse for Städel« (2012) beispielsweise lässt einen Pavillon aus schwarzen Perlenschnüren entstehen, in dem man optische Täuschungen erleben kann. Eine fast archetypische weiße Park- oder Gartenbank an einer Hecke lädt zum Verweilen und Lauschen ein (Janet Cardiffs und George Bures Millers Audioinstallation »The Bench« von 2012). Werke, die schon früher im »Städel Garten« zu sehen waren, wie etwa August Gauls »Der Eselreiter« (1912), wurden neu platziert. Der Eintritt ist übrigens frei.

Städel · Museumsufer · Schaumainkai 63 · 60596 Frankfurt am Main · Tel.: 069 605098212
www.staedelmuseum.de · ÖPNV: U-Bahnhof Schweizer Platz, Straßenbahnhaltestelle Otto-Hahn-Platz, Bus 46 Museumsufer Linie (Städel)

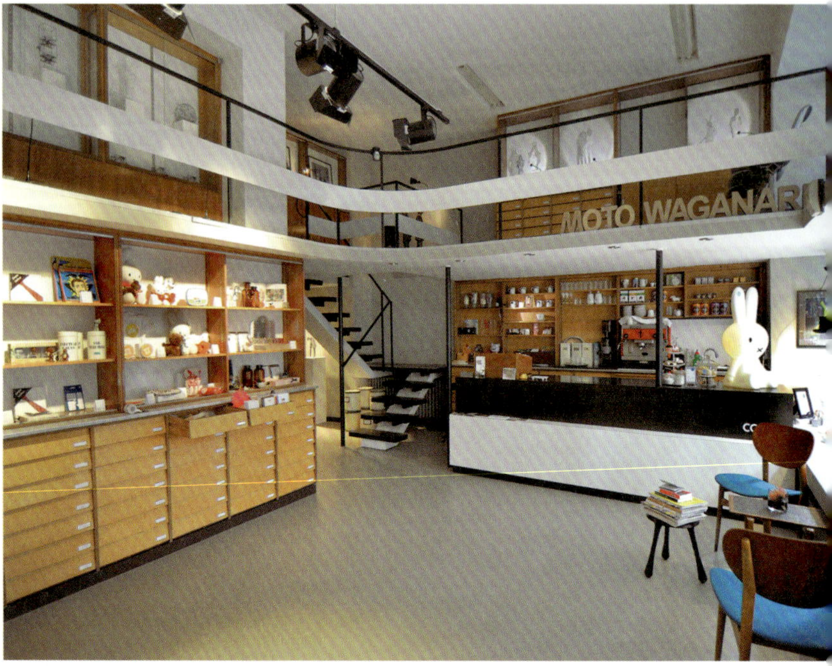
MOTO WAGANAR

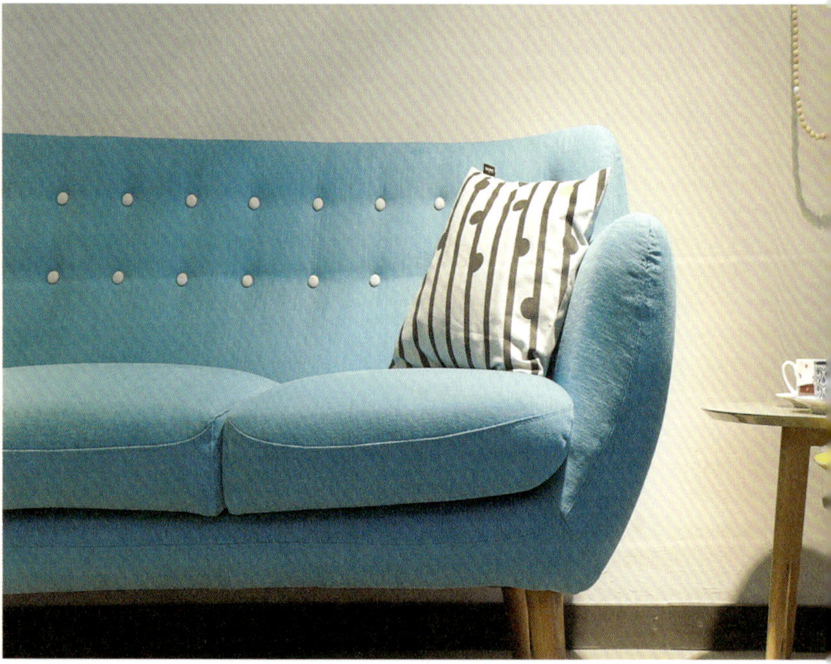

Alt & neu in der Brücken- straße

45

Über Sachsenhausen und das Viertel rund um die Brückenstraße gibt es mindestens zwei Wahrheiten. Die eine: Es ist kein Geheimtipp mehr. Die andere: Hauptsächlich Touristen verirren sich hierher. Egal, ein Besuch lohnt, und im Concept Store Colekt mischen sich Geschichte der Brückenstraße und das Heute besonders schön.

Die meisten denken bei Sachsenhausen an Apfelwein und Touristen. Wer heute durch die Frankfurter Brückenstraße schlendert, sieht zwar noch ein paar Traditionsläden – aber nicht mehr, dass es hier vor dem Zweiten Weltkrieg knapp 90 verschiedene Läden, Handwerksbetriebe und Werkstätten gab. Bei Colekt erkennt man trotz trendiger Designartikel noch etwas von der Tradition, auch wenn sie hier erst 1958 begann. Bis 2010 nämlich befand sich in der Brückenstraße 21 die Carolus-Apotheke. Die vor über 150 Jahren von der Familie Schweizer gegründete Apotheke zog 1958 hierhin. Einen Teil der Apotheke kann man heute noch sehen, auch wenn bei Colekt inzwischen statt Medikamenten alles, was Freude machen soll, über die Ladentheke geht. Architektin Petra Wagner und Grafikdesignerin Stephanie Siemer entdeckten das Juwel Carolus-Apotheke: »Die Straße hat als eine der wenigen in Frankfurt viele individuelle Geschäfte – neue und ganz alte. Die Mischung ist wunderbar, die Nachbarschaft und die Menschen auch.« Längst kann man in dem Laden, in dem sogar die Einbauregale von 1958 stylish aussehen, viel mehr als nur einkaufen. Unter anderem gibt's Kaffee, Lesungen, Mittagstisch, Degustationen, Green Gardening Workshops, Kleidertausch sowie Gin&Jazz-Abende – »Wir machen, was uns gefällt, und legen uns da nicht fest.«

Für die Veranstaltungen wie für die Verkaufsartikel gilt die Philosophie: »Wir wollen dazu beitragen, die Welt mit unseren Aktivitäten zu bereichern!« Den Namen haben die zwei Betreiberinnen gewissermaßen aus den ehemaligen Neonlettern der alten Carolus-Apotheke zusammengescrabbelt.

Colekt · Brückenstraße 21 · 60594 Frankfurt am Main · Tel.: 069 17498949 · http://colekt.me/
ÖPNV: Bushaltestelle Elisabethenstraße

46 Botanische Weltreise auf den Spuren vom Papst

Der Park der Philosophisch-Theologischen Hochschule Sankt Georgen ist nicht nur ein Ort, an dem sich auch schon mal Papst Franziskus I. befand. Die eigentliche Attraktion ist die Baumsammlung des Jesuitenpaters Rainer Koltermann. Auch wenn sogar ein Neffe des Papstes, ebenfalls ein Jesuit, auf dem Oberräder Campus lebt und arbeitet.

Kaum war im März 2013 der Name des neuen Papstes bekannt, da klingelten in der Philosophisch-Theologischen Hochschule Sankt Georgen, einer privaten katholischen Hochschule in jesuitischer Trägerschaft, auch schon die Telefone heiß.

Denn Mitte der 1980er-Jahre, als Papst Franziskus I. noch Jorge Mario Bergoglio hieß, weilte er hier für einige Monate zu Studienzwecken. Wer also jetzt den Park aufsucht, wandelt gewissermaßen auf den Spuren des Papstes. Jorge Mario Bergoglio allerdings bot sich noch ein anderes Garten- und Frankfurtbild, als es Franziskus I. sehen würde. Von manchen Punkten aus fällt der Blick inzwischen auf den Neubau der Europäischen Zentralbank, von anderen auf die Skyline.

Doch in der Ruhe dieses Oberräder Landschaftsjuwels scheint die Mainmetropole weit weg. Dafür sind der Himalaja, Mexiko oder Taschkent umso näher. Im Park der Hochschule wachsen nämlich mehr als 1150 verschiedene Bäume und Sträucher aus aller Herren Länder und von allen Kontinenten: ein Nepal-Ahorn aus dem Himalaja, eine Vejar-Tanne aus Mexiko, ein Kiwistrauch aus China, eine Chile-Zeder aus den Anden und eine Litwinows-Birke aus Taschkent. Zu verdanken ist diese eindrucksvolle Sammlung der mehr als 45 Jahre dauernden botanischen Passion des verstorbenen Paters Rainer Koltermann (1931–2009), der auch Professor für Naturphilosophie und für Zoologie an der Johannes-Gutenberg-Universität Mainz war. Viele der von seinen Reisen mitgebrachten oder ihm zugetragenen Bäume und Sträucher pflanzte er übrigens eigenhändig ein.

Philosophisch-Theologische Hochschule Sankt Georgen · Offenbacher Landstraße 224
60599 Frankfurt am Main · Tel.: 069 60610 · www.sankt-georgen.de
ÖPNV: Straßenbahnhaltestelle Balduinstraße

Rhus verniciflua Stokes
Lack-, Japan-Sumach
M- u. W-China, Himalaja
Anacardiaceae Sumachgew.

Frisch geschlüpfte Vögel beobachten

47

Die Grastränke zwischen Beckerweg und Kesselbruchschneise gehört zu den weniger bekannten Zielen im Frankfurter GrünGürtel. Besonders zur Vogelbrutzeit lohnt ein Spaziergang hierher. Hinter geöffneten Holzklappen erspäht man mit etwas Glück frisch geschlüpfte Vögel. Denn wo ehemals Vieh getränkt wurde, befindet sich heute ein Vogelschutzgehölz mit Informationszentrum, betrieben vom Naturschutzbund Deutschland und von der Schutzgemeinschaft Deutscher Wald.

▶ **Der Jacobiweiher, an dem sich mit dem Pinkelbaum und der Eule im Norwegerpulli komische GrünGürtelkunst von F. K. Waechter findet, ist sehenswert und gut erreichbar.**

Grastränke · Oberwald · Frankfurt am Main · ÖPNV: Bushaltestelle Hainer Weg

Paradies für Pilzsammler

48

Der Frankfurter Unterwald westlich der Isenburger Schneise ist ein Eichen-Hainbuchenwald, hier wachsen aber auch viele Kiefern. Hier haben Pilzsammler gute Chancen, zwischen Juni und Oktober Steinpilze, zwischen Juni und November Maronen(-röhrlinge) und zwischen August und November die Krause Glucke

▶ **Im Herbst gibt es beim Frankfurter Gesundheitsamt eine kostenlose Pilzberatung (Breite Gasse 28).**

zu finden. Wenn man gute Augen hat, sich mit Pilzen und ihren bevorzugten Orten und üblichen »Nachbarn« auskennt und die richtige Zeit erwischt, muss man für das Pilzglück auch gar nicht weit abseits der Wege suchen.

ÖPNV: Tramhaltestelle Waldau

49 In Licht und Luft am Niederräder Ufer baden

Wer den stark frequentierten Mainufer-Abschnitt zwischen Deutsch-herrenbrücke und Holbeinsteg in Richtung Niederrad hinter sich lässt, könnte auf einer kleinen Halbinsel im Main einen Lieblingsplatz entdecken. Denn wo ehemals ein etwas verlotterter Uferabschnitt war, ist inzwischen eine wunderbare grüne Oase entstanden.

Dieser Uferabschnitt ist eines von zahlreichen Beispielen dafür, was sich in den vergangenen Jahren in Frankfurt verändert hat. Denn während man sich noch eben durch viele Menschen schlängelte, trifft man hier plötzlich auf eine wunderbare Mischung aus einem verwunschenen Park und grüner Halbinsel, die vom Ufer aus immer wieder reizvolle Blicke auf die andere Mainseite samt ihren Industrieanlagen, Hallen und Kränen freigibt. 2012 wurden die Sanierungen dieser ehemals etwas verkommenen Maininsel, die ihre Existenz einer früheren Schleusenanlage verdankt, beendet. 2,1 Millionen Euro hat sich die Stadt diese Idylle samt breiteren Wegen, einer runden Holzplattform am Inselende und einer neuen Brücke kosten lassen.

▶ **Unweit des Café »LILU« steht das Blaue Haus. www.blaueshaus-frankfurt.de informiert über das Programm aus Konzerten, Lesungen, Ausstellungen oder Workshops.**

Die Oase mit Gänsen, tobenden Kindern, am Ufer kuschelnden Pärchen, unter Bäumen grillenden Menschen und dem preisgekrönten Ponton, in dem sich ein Gastronomiebetrieb befindet, dem das ehemalige Licht- und Luftbad den Namen »LILU« gab, war schon einmal eine Art »Oase«. Zwischen 1936 und 1938 war das Niederräder Licht- und Luftbad das einzige öffentliche Bad, in dem jüdische Menschen noch baden durften. Ab November 1938 war es der jüdischen Bevölkerung Frankfurts auch hier untersagt zu baden, 1939 übernahm dann sogar die SA das Licht- und Luftbad. Eine Tafel an den Überresten der ehemaligen Umkleidekabinen erinnert daran – und macht die weißen Säulen, die aus der Ferne noch wirken wie antike Tempelüberreste, zu einem Denk- und Mahnmal.

Licht- und Luftbad · Niederräder Ufer 10 · 60528 Frankfurt am Main · Tel.: 069 67733653
www.lilu-frankfurt.de · ÖPNV: Straßenbahnhaltestelle Heinrich-Hoffmann-Straße/Blutspendedienst

DAS LICHT- UND LUFTBAD NIEDERRAD
WAR DAS EINZIGE ÖFFENTLICHE BAD
IN DER VON 1. APRIL 1939
BIS ZUM ENDE DER BADESAISON 1938
JÜDISCHE BÜRGERINNEN UND BÜRGER
IN FRANKFURT AM MAIN
NOCH BADEN GEHEN DURFTEN

AB NOVEMBER 1938
WAR JÜDISCHEN MÄNNERN FRAUEN UND MÄDCHEN
DAS BADEN IN FRANKFURT AM MAIN
GÄNZLICH VERBOTEN.

AM 15. MAI 1939 WURDE DAS LICHT- UND LUFTBAD
VON DER SA ÜBERNOMMEN.

Meeres-Feeling in Deutschlands Mitte

Frankfurt hat einen Fluss, Frankfurt hat einen See – so weit bekannt. Auch Palmengarten, Stadtwald, Nizza am Main, ja sogar den Chinesischen Garten kennt praktisch jeder. Aber Frankfurt kann sich auch einer der größten Binnendünen Europas rühmen. Am schönsten ist die Anfahrt dorthin mit dem Boot.

Vögel zwitschern, seltene und ökologisch wertvolle Silbergrasbüschel wiegen sich im sanften Wind, Kiefern erinnern an südliche Meeresküsten, kleine Sanddünen an Ostseestrände. Sogar die Bäume wachsen hier wie in Meeresdünen. Klein und buschig sind sie, und sie verbreiten Urlaubsduft. Der Holzbohlenweg, der ins Zentrum des Naturschutzgebiets der Schwanheimer Düne führt, weckt Erinnerungen an die See. Dabei liegt Frankfurt im Zentrum von Deutschland, die nächste Meeresküste ist also weit entfernt.

▶ **Wer durch diesen herrlichen Ort inspiriert den Grün-Gürtel mal anders entdecken möchte, findet Tipps in Ruth Führners im Societäts Verlag erschienenen Buch *Hinter Frankfurt das Meer: Literarische Entdeckungen im Grün-Gürtel.***

Die Schwanheimer Düne entstand nach der letzten Eiszeit. Vor rund 10 000 Jahren wurde sie durch Sand aus dem Main aufgeweht. Später wurde sie von Bauern gerodet, die hier Kirschplantagen anlegten, die jedoch mehrere Trockenperioden nicht überstanden. So begann die Düne zu wandern. Um 1890 kam sie dort, wo sie heute ist, zur Ruhe. Die knapp 60 Hektar große Düne bietet mit ihren nährstoffarmen, sandigen Böden ein ganz besonderes Biotop für einige Tier- und Pflanzenarten. Seit 1984 ist die Schwanheimer Düne Naturschutzgebiet, seit 2003 ist das Gebiet auch als Flora-Fauna-Habitat-Gebiet nach Europäischem Recht geschützt. Hunde sollte man anleinen und immer vorsichtig sein, denn es gibt keinen ausgeschilderten Weg. Unter *http://www.rhein-main-wiki.de/* kann man zur Vorbereitung eine Karte abrufen, auf der auch Wege zu erkennen sind. Eine herrliche Entdeckungsreise mit dem Fahrrad bietet sich an.

Schwanheimer Düne · Frankfurt am Main (Stadtteil Schwanheim) · ÖPNV: Bushaltestelle Schwanheimer Friedhof oder aber Straßenbahnhaltestelle Bolongaro Palast (dann Mainüberquerung mit der Fähre)

Umbautes Licht entdecken

Dieses »Technische Verwaltungsgebäude« wirkt sakraler als manche Kirche und ist ein buntes Wunder expressionistischer Architektur. Der Peter-Behrens-Bau ist sicherlich einer der beeindruckendsten Bauten des Rhein-Main-Gebiets. Und der Gang durch die Kuppelhalle gleicht einem Flanieren durch eine polychrome Sinfonie.

Wie bunte Orgelpfeifen in Spektralfarben sind die Steine in der Kuppelhalle übereinandergeschichtet. An die Kristalle des Penicillin-Natriums unter einem Mikroskop erinnern Form und Struktur der über der Kuppelhalle scheinbar schwebenden Glaskuppeln. Sogar die Lampen in den Galerien variieren Formen des Kristalls und der Deckenkuppeln. Man glaubt sich von farbiger und in Stein gebannter zeitgenössischer Musik umgeben und kann doch sehen, dass der Erbauer Peter Behrens (1868–1940) hier stets die Themen seines Auftraggebers gestaltet hat: Farben und Umsetzung der Pharma-Themen.

Behrens gilt als Erfinder des Corporate Design. Er war zunächst Maler und Typograf, dann Designer. Unglaublich, dass einer, der auf dem Gebiet der Architektur ein Autodidakt war, ein so ausgeklügeltes Baukunstwerk schaffen konnte, das bis hin zu Türbeschlägen, Paternostergriffen, Uhren und Lampen seine Handschrift trägt. Behrens, der auf wunderbare Weise Tradition mit avantgardistischen Tendenzen verband, gelang aufgrund seiner Vielseitigkeit – man könnte sagen, er war ein Universalkünstler – ein ausdrucksstarker Bau, dessen kraftvoller Umriss es mit seinem Turm und der Werksbrücke sogar zum Logo der früheren Hoechst AG schaffte.

Das eindrucksvolle Architekturkunstwerk von Peter Behrens bildet den Mittelpunkt des Industrieparks Höchst – hier befinden sich die Geschäftsführung und andere Büroräume der Infraserv und der Pensionskasse der Mitarbeiter der Hoechst-Gruppe VVaG. Die Sicherheitsvorschriften sind daher streng und die Möglichkeiten, den Bau zu besuchen, rar und eine Anmeldung ist erforderlich.

Peter-Behrens-Bau · Industriepark Höchst · Brüningstraße 50 · 65926 Frankfurt-Höchst
Tel.: 069 3055413 · www.ihr-nachbar.de/behrensbau

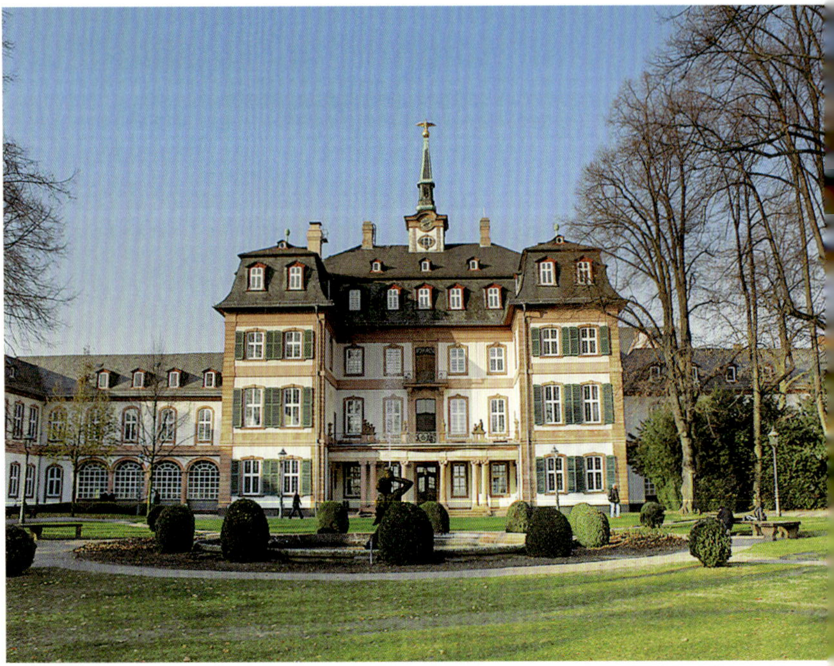

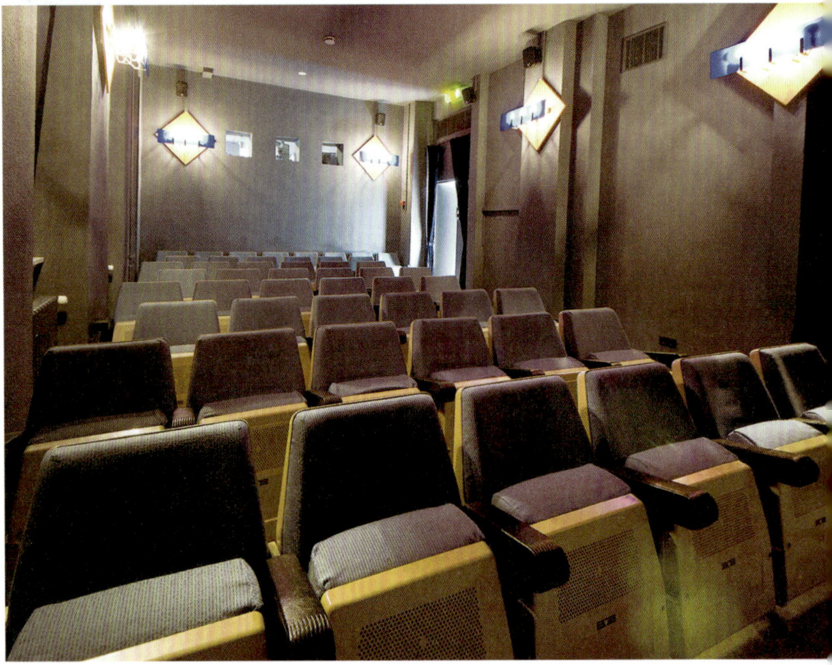

Programmkino im Schloss

Das traditionsreiche Filmtheater Valentin, das bereits zahlreiche Preise abgeräumt hat, gibt sich zurzeit im Höchster Bolongaropalast die Ehre. Dies ist eine vielleicht einmalige Chance, für kurze Zeit ausgesuchte Dokumentar- und Spielfilme in kuschelig-kleiner Atmosphäre in einem Schloss zu erleben.

Wer es bisher noch nicht in das preisgekrönte Filmtheater Valentin geschafft hat, sollte das nun nachholen. Denn wann kann man schon in einem echten Schloss Filme ansehen? Und dazu besteht, solange das Filmtheater im Höchster Bolongaropalast Unterschlupf findet, die Gelegenheit.

Das Filmtheater Valentin ist mit seinem Stadtteil- und Programmkino regelmäßiger Anwärter auf den Hessischen Kinopreis (1995–2008) sowie den Bundes-Kinopreis (1997, 1999–2009) und lohnt schon wegen seines Programms unbedingt einen Besuch. »Wir sind unserem Programmkonzept treu geblieben und führen dieses auch am neuen Standort weiter«, sagt der für die Kinoleitung zuständige Holger Ziegler. »Mit dem Standortwechsel erreichen wir jetzt allerdings auch neue Publikumsschichten, denen das Filmtheater Valentin bisher zu abgelegen war. Das ermöglicht uns wiederum, mit unserem Programm etwas mehr zu experimentieren.«

▶ **Neben Stühlen und Konzept wurde auch eine Tradition beibehalten: Bei »Filme für Freunde« kann man Lieblingsfilme vorschlagen.**

Mit dem Programmkonzept sind übrigens auch die besten Stühle aus dem alten Filmtheater Valentin umgezogen. Sie warten nun mit einer zehn Meter breiten Leinwand im Ostflügel des Bolongaropalastes auf Cineasten.

Das Domizil im Bolongaropalast ist nur vorübergehend. Die letzte Station soll denn ausgerechnet an einem Durchgangs- beziehungsweise Durchfahrtsort liegen: am Höchster Bahnhof. Noch weiß Ziegler nicht, wann, denn das hängt mit den Umbaumaßnahmen am Bahnhof zusammen – mit einem Baubeginn ist vermutlich nicht vor 2016 zu rechnen. Das Kinoerlebnis im Schloss bleibt also für absehbare Zeit erhalten.

Filmtheater Valentin · Bolongarostraße 105 · 65929 Frankfurt-Höchst · Tel.: 069 3086927
www.filmtheater-valentin.de · ÖPNV: S-Bahnhof Frankfurt-Höchst, Bushaltestelle Bolongaropalast, Straßenbahnhaltestelle Zuckschwerdtstraße

Strandflair am Main

Wer das breite Spektrum der in Frankfurt lebenden Menschen erleben möchte, sollte den Orange Beach aufsuchen. Klingt vielleicht etwas nach Schickimicki, ist es aber nicht. Schließlich entstand Olaf Gries' »zweitschönstes Versteck unter der Sonne« am schönsten der Frankfurter Büdchen – ideal für eine Auszeit mit Strandfeeling.

Weißer Sand, Wasser, Liegestühle und Bierbänke – und doch landet man hier mitten im Leben. Vom Hartz-IV-Empfänger über Rentner bis hin zum Oberarzt finden sich hier alle Bevölkerungsschichten bunt gemischt. Und wenn der Arzt mal nicht da ist, weiß Chef Olaf Gries, dass beispielsweise ein angewärmter Apfelwein bei körperlichen Malaisen helfen kann. Und knüpft mit solcherlei Heiltränken gewissermaßen an die Geschichte der Wasserhäuschen (auch Büdchen oder Trinkhallen) an.

Die mehr als 100-jährige Tradition dieser typischen Frankfurter Getränkeverkaufsstätte begann im 19. Jahrhundert. Damals stellten Apotheker – an die Heilwasser anknüpfend – künstliches Mineralwasser her und eröffneten zur Verkaufssteigerung Stände im Stadtgebiet. So kann man Gries durchaus in dieser Tradition sehen. Nur, dass an seinem Büdchen statt diverser Wässerchen unter anderem an die 20 Biersorten oder auch Würstchen und Eis gehandelt werden. Der Orange Beach, der

▶ Beim Orange Beach gibt es auch immer wieder Veranstaltungen wie Livemusik und Fußballübertragungen. Wann was stattfindet, steht auf der Homepage.

2007 von einem Büdchen-Führer zur schönsten Trinkhalle gekürt wurde, ist mit seiner Lage am Main, dem Sand, den Enten und Schwänen eine besondere Oase. Trotz der Züge, die über die nahe Brücke donnern. Mit dem Mundartdichter Rainer Weisbecker könnte man auch sagen: »Da treff ich de Karl, / un da treff ich de Schorsch, / da krieh ich was ferr mein Kummer / un e bissi was gesche mein Dorscht.« Der Orange Beach ist Bürgertreff, Nachrichtenumschlagplatz, Lebenshilfe und Arbeitsplatz.

Orange Beach · Gutleutstraße 371 · 60327 Frankfurt/Main · Tel.: 0176 10314356
www.orangebeach-frankfurt.de · ÖPNV: Bushaltestelle Briefzentrum

ista
McDonald's
REWE

Römer/
Paulskirche
11
12
11
HÖCHST
Zuckschwerdtstr.
VGF
240 B

Frankfurt jenseits des Mainstreams

54

Was für Berlin die Linie 1 ist, das ist für Frankfurt die 11: Frankfurts längste Straßenbahnlinie führt von Höchst nach Fechenheim. Unterwegs passiert man Bahnhofsviertel und Paulskirche, Buddhistisches Kloster und Burger King, rasch hochgezogene Wohnsilos, den sorgfältig rekonstruierten Römerberg oder ein Industriegebiet. Gegensätzliches, Kurioses, Widersprüchliches, Erschreckendes oder Erheiterndes sieht man zu beiden Seiten. Wo man für diese echte Frankfurt-Fahrt einsteigt, ist letztlich egal.

▶ **Zu empfehlen ist ein Zwischenstopp bei »emPana-Diso« im Gallus (Mainzer Landstraße 112 a, Haltestelle Güterplatz). Hier gibt's tolle argentinische Empanadas.**

Man kann überall entlang der Linie 11 einsteigen!

Whisky mit Aussicht genießen

Dass es den »Ebbelwei-Express« gibt, erstaunt in »Bembeltown« niemanden, aber das »Hessestöffsche« ist doch nicht jedermanns Sache. Mit der Whisky-Tram hingegen kann man die wechselnden Stadtkulissen und unterschiedlichen Whiskys genießen. Nicht nur der Whisky, der hier verkostet wird, hat ein paar Jahre auf dem Buckel. Auch die hübschen Straßenbahnen, mit denen man durch Frankfurt zuckelt, sind schon etwas ältere Jahrgänge. An Bord führt ein Schotte im Kilt in die Welt des Whiskys ein, und ein Dudelsackspieler sorgt für die Hintergrundmusik. Die Whiskymax-Tram fährt jeden letzten Samstag im Monat um 15.30 Uhr von der Haltestelle Louisa ab. Ein schönes Geschenk für Whisky-Fans.

Whiskymax Event UG · Industriestraße 18 · 63533 Mainhausen
Tel.: 06021 219654 · www.whiskymax.com

Mit warmer Milch zur Reifeprüfung

*Eine Bauernhofidylle wie aus dem Bilderbuch. Auf dem Dottenfel-
derhof kann man Milchprodukte, Brot und mehr einkaufen, es sich
nach einer Hoferkundung im Café gut gehen lassen, etwas über die
Arbeitsweise des Hofs erfahren, eigenhändig die Hühner füttern oder
eine Reifeprüfung ablegen, indem man selbst Käse herstellt.*

Sieht man die auf einer großen Wiese pickenden Hühner, wähnt man
sich in längst vergangenen Zeiten. Gleichzeitig wird an anderer Stelle – für
Besucher unsichtbar – an neuem Saatgut geforscht. Alles auf anthroposo-
phischen Grundlagen, denn der Dottenfelderhof wirtschaftet nach biologischen Demeter-Richtlinien.

Der bereits im Jahr 976 urkundlich erwähnte Dottenfelderhof wird seit
1968 von einer Betriebsgemeinschaft aus mehreren Familien bewirtschaf-

tet. Die hier erzeugten Produkte – Brot, Käse, Kuchen, Gemüse und vieles mehr – kann man vor Ort kaufen, und in zahlreichen Veranstaltungen lernt man die Arbeitsweise des Hofs kennen. Ein schönes Erlebnis oder Geschenk ist die »Reifeprüfung«: In einem gemütlichen Raum, ausgestattet mit vier Litern warmer Milch in einem Edelstahltopf, Kultur in Sauermilch und Lab, geht es los. Wie aus Milch Käse wird, wann feste Bestandteile von der Molke getrennt, Zutaten wie Knoblauch oder Basilikum hinzugefügt werden, kann man hier erfahren und dabei sogar eigene Käslein herstellen. Da hier alles mit Herz gemacht wird, wandert auch die Käsemasse in kleine, niedliche Herzformen. Und damit auf dem Weg zur »Reifeprüfung« niemand verhungert oder gar verdurstet, gibt's als Stärkung zu den Erklärungen und in den Arbeitspausen für die Teilnehmer Käse, Wein und Brot. Natürlich alles biologisch.

Aber eigentlich fängt der ganze Käse ja schon viel früher an: bei der Milch und damit bei den Kühen und ihren Kälbern, denen die Trennung keineswegs leichtfällt, weshalb die Kälber hier länger als in konventionellen Betrieben bei ihren Muttis bleiben dürfen.

Dottenfelderhof · 61118 Bad Vilbel · Tel.: 06101 529620 · www.dottenfelderhof.de

57

Römische Geschichte am Limes schmecken

Seit Generationen wird in diesem UNESCO-Weltkulturerbe bei Schülern das Interesse für römische Geschichte geweckt. Mehr als zehn Millionen Menschen haben das seit 1907 weltweit einzige wiederaufgebaute Kastell besucht. Die meisten gucken nur beim Rundgang, in der »Taberna« kann man Geschichte aber auch schmecken.

Zwar sind im Kastell Saalburg das Mobiliar wie Herd, Regal oder Anrichte, Gegenstände wie Platten oder Krüge, aber auch der Wandschmuck wie Mosaike lediglich nach antikem Vorbild rekonstruiert. Dennoch fühlt man sich bei ihrem Anblick gleich um zwei Jahrtausende zurückversetzt.

Im Museumscafé »Taberna« kann man sich allerdings nicht nur vor oder nach einem Rundgang bei einem schnellen Kaffee und Kuchen stär-

ken, sondern man kann sich auch Speisen nach antiker Machart auftischen lassen und schmecken, dass mit den römischen Soldaten auch römische Kultur im Taunus Einzug hielt. Eintönig war das Essen keinesfalls, sondern es hatte einige kulinarische Köstlichkeiten zu bieten: Vorspeisenteller mit kalten und warmen römischen Tapas inklusive selbst gebackenem Brot, Pullum Particum (Hühnchen mit Liebstöckel-Paradoxumsoße), Lenticula de castaneis und Boleti fungi (Linsen mit Kastanien und gebratenen Pilzen), Lukanische Bratwust (Bratwurst mit Pinienkernen und Koriander). Gekocht wird übrigens nach dem Rezeptbuch des Feinschmeckers Apicius. Dazu kann man sich den Mulsum (römischen Gewürzwein) munden lassen.

▶ Wer noch mehr über die römische Küche erfahren möchte: Es gibt Führungen mit lukullischem Hintergrund für »Weinliebhaber, Feinschmecker und Wissensdurstige«.

So ein Essen ist eine tolle Ergänzung zu einem Rundgang entlang der Wehranlage, dem Stabsgebäude mit großer Eingangshalle, dem Wohnhaus des Kommandanten oder auch den Mannschaftsbaracken aus Holz.

Römerkastell Saalburg · Archäologischer Park · Saalburg 1 · 61350 Bad Homburg · www.saalburg.de

Im Jugendstilambiente baden

Die symmetrischen Uhrturmhäuser des Sprudelhofs sind das Wahrzeichen von Bad Nauheim. Und obwohl sich hier an den Wochenenden Touristen drängeln, ist südlich von Bad Nauheim die Pracht des größten zusammenhängenden Jugendstilensembles Europas eher unbekannt. Dabei kann man nirgendwo stilvoller ein Bad nehmen.

Das symmetrisch angelegte Gesamtkunstwerk von Wilhelm Jost (1874 bis 1944) strahlt eine Ruhe und gediegene Pracht aus: herrliche Arkadengänge, dekorative Säulen, Türen und Fenster mit den typischen Jugendstilornamenten. Eindrucksvoll sind auch die weiß schäumenden Fontänen mit Thermalwasser in den ebenfalls symmetrisch angeordneten Brunnen mit allegorischen Figuren und Wassersymbolen. Überhaupt trifft man hier an allen Ecken auf Wassersymbolik: Muscheln, Fische, Seepferdchen, Wellenlinien, Nixen oder Nymphen. Zwischen 1903 und 1910 entstand der Sprudelhof, der gemäß der Darmstädter Jugendstilbewegung das Schöne mit dem Praktischen verbinden sollte. Kaiserin Sisi, die russische Zarin Alexandra oder die deutsche Kaiserin Victoria badeten hier. Sogar Kanzler Bismarck wurde im Wasser von Leiden kuriert. In den historischen Badewannen aus austra-

▶ **Badehäuser mit ihren Schmuckhöfen und Brunnen sieht man nur bei Führungen – oder bei einem Bad im Badehaus 3. Einen kleinen Eindruck gewinnt man im Café des Badehauses, in dem man auch ohne Bad etwas trinken oder essen kann.**

lischem Moaholz kann man seiner Gesundheit auch heute noch Gutes tun – und beim Warten auf das erholsame Bad, animiert durch die wunderschöne Umgebung, vielleicht eine kleine Gedankenreise in die Zeiten unternehmen, als Bad Nauheim noch ein in aller Welt bekanntes Bad war: 1869 wurde Bad Nauheim wegen des Quellwassers (es hat einen hohen Sole- und Kohlensäuregehalt und enthält wertvolle anorganische Mineralstoffe) als Gesundheits- und Kurstadt anerkannt. 250 Wannen in sechs Kurhäusern zählte die Stadt zu ihren Hochzeiten. Heute sind die verbliebenen Wannen nur noch ein Relikt einer längst vergangenen Epoche.

Badehaus 3 · Im Sprudelhof · 61231 Bad Nauheim · Tel.: 06 032 5069908
www.badehaus-sprudelhof.de

Frische Meeresbrise im Park

Entlang mehrerer, zusammen 700 Meter messender Bad Nauheimer Gradierwerke kann man sich im Mikroklima der Bauten aus Fichtenholz und Schwarzdorn Auszeiten gönnen. Am Gradierwerk II eröffnete 2008 ein Gesundheitsgarten, den sich die Stadt rund 1,3 Millionen Euro kosten ließ. Der Eintritt kostet nur drei Euro.

Hier kann man sich an der frischen Luft in einen Strandkorb kuscheln, auf einer Liege liegen oder auf einer Parkbank sitzen und salzhaltige Luft atmen, denn Gradierbauten sorgen für einen optimalen Wasserverdunstungsprozess und erhöhen so den Salzgehalt in der Luft. Sanft weht eine kleine Meeresbrise vom Gradierwerk herüber, der Klang der tropfenden Sole beruhigt Nerven und Seele. Der Gesundheitsgarten mit dem Gradierbau II ist eine Oase für Gesundheit und Sinne. Denn hier kann man nicht nur seinen Bronchien und Atemwegen etwas Gutes tun, sondern unter anderem auch seinen Füßen. Ein hübscher Weg massiert allen, die barfuß unterwegs sind, die Füße, und unweit davon stärkt ein Kneipp-Becken das Herz-Kreislauf-System.

▶ **Auf einem 2,4 km langen Rundweg informieren Hinweistafeln über die Geschichte der Salzgewinnung seit den Kelten. In der Tourist Information (In den Kolonnaden 1, Tel.: 06032 929920) gibt es einen Flyer mit der detaillierten Routenbeschreibung.**

Einige der im Gesundheitsgarten versammelten Einrichtungen erinnern an einen Trimm-Dich-Pfad, andere sollen aber neben der Körperertüchtigung auch Sinne wie Fühlen oder Hören schärfen. Interessant sind dabei die Schwingungen, die hervorgerufen werden, wenn man seinen Kopf in einen Summstein steckt.

Die Gradierbauten waren ehemals Teil der Nauheimer Saline, die Mitte des 18. Jahrhunderts zu den modernsten Salzfabriken Europas zählte. Am Gradierbau I gibt es einen Kelten-Pavillon, der über die Geschichte der Salzgewinnung in Bad Nauheim sowie die Lebens- und Arbeitsweise der Kelten informiert.

Gradierbauten finden sich entlang der Zanderstraße und Schwalheimer Straße in Bad Nauheim.

Die Früchte der Rose

Kenner wissen, dass seit Mitte des 19. Jahrhunderts im Bad Nauheimer Stadtteil Steinfurth Hunderte von Rosensorten kultiviert werden, weshalb dies eines der deutschen Zentren der Rosenzucht ist. Ein hübsches Rosenmuseum erzählt von der Geschichte der Rose und der Steinfurther Tradition – blüht aber leider etwas im Verborgenen.

Beim Gang durch das Museum, das der Königin der Blumen gewidmet ist, erfährt man beispielsweise, dass die Hagebutte die Frucht der Rose ist. Denn wenn die Rosen verblühen, entstehen die kleinen roten Früchte, die in vielerlei Form schmecken und sogar heilsam sein sollen. Die Hagebutte ist also weit mehr als ein Rosenrest. Das scheint auch die riesige Hagebuttenskulptur von Bruno Feger zu unterstreichen, die in einem der Räume selbstbewusst ihren Platz beansprucht. Aber auch Grafiken, Gemälde, Porzellane, Flakons oder Rosenölbehälter aus Metall und Rosenwasserflaschen sind im Museum zu sehen. Über den Rosenanbau erfährt man ebenfalls Wissenswertes. Und in dem kleinen Museums-Café werden unter anderem köstliche Erzeugnisse aus oder mit Rosen kredenzt.

Auch wenn es eine kleine Abteilung mit dem Titel »Rosige Zeiten in Steinfurth« gibt, die mit Katalogen und Medaillen an die Geschichte der Steinfurther Firma Schultheis erinnert, die älteste deutsche Rosenschule ist und seit rund 140 Jahren Rosenzucht betreibt: Rosig sieht es zurzeit nicht aus für das Rosenmuseum im Bad Nauheimer Stadtteil Steinfurth. Dem Museum, das gewissermaßen von Rosen umgeben ist, da sich um Steinfurth herum das größte hessische Freiland-Anbaugebiet von Rosen befindet, wurden Gelder gestrichen.

Möglicherweise droht dem Museum das Aus. Zwar will ein Trägerverein, dem einige Rosenbauern angehören, den Fortbestand dieses bundesweit einmaligen Museums sichern – aber mit eingeschränktem Betrieb in dem hübschen historischen Fachwerkhaus muss voraussichtlich gerechnet werden.

Rosenmuseum Steinfurth · Alte Schulstraße 1 · 61231 Bad Nauheim
Tel.: 06032 86001 · www.rosenmuseum.com

Radtour mit Aussicht in die Vergangenheit

Für alle, die eine Radtour gern mit Kultur und Geschichte verbinden, ist ein Abschnitt auf dem Vulkanradweg eine ganz besondere Kombination. Über den Vogelsberg, den größten Vulkan Mitteleuropas, radelt man zu den Kelten, einer Art-déco-Kirche und dann in ein mittelalterliches Örtchen.

Auf Lavaresten muss man bei dieser rund 15 Kilometer langen Tour (eine Richtung) nicht fahren, der Weg ist durchweg geteert – ideale Voraussetzungen also. Ausgangspunkt ist Altenstadt. Hier verläuft der Vulkanradweg am Bahnhof Altenstadt parallel zum Gleis 1 und dann ein Stück entlang der Bahnschienen. Nach etwa sieben Kilometern verlässt man am alten Bahnhof Glauburg den Vulkanradweg nach rechts, um zum großartigen Keltenwelt-Museum abzubiegen, das definitiv für die etwa drei Kilometer

bergauf entschädigt. Seit Mitte der 1990er-Jahre mach(t)en sensationelle Keltenfunde auf den Glauberg aufmerksam. 2011 wurde das Museum Keltenwelt, das sich quasi wie ein Fernrohr in die Vergangenheit aus dem Hang schiebt, eingeweiht. An den hier gezeigten Funden lässt sich ermessen, dass der Glauberg ein Kulturdenkmal ist, das zu den ganz besonderen Attraktionen europaweit gehört. Es gibt auch einen kulturhistorischen Rundweg zu den Außenanlagen.

Bei der Weiterfahrt nach Ortenberg lohnt in Stockheim ein Blick in die 1924 im Art-déco-Stil erbaute katholische Kirche. In Ortenberg dann erwarten einen ein hübscher historischer Ortskern, die dreischiffige Marienkirche mit dem berühmten Ortenberger Altar, der begehbare Bergfried der Burg Lißberg und das Musikinstrumentenmuseum in Lißberg mit der weltweit größten Drehleier- und Dudelsacksammlung.

Die Steigung entlang des Vulkanradwegs beträgt maximal drei Prozent. Orientierung bietet ein zwölfseitiger Flyer, der auf der Website heruntergeladen werden kann (Menüpunkt »Strecke«) und auf dem auch Radwege zum Bahnhof Altenstadt verzeichnet sind.

www.vulkanradweg.de

62

Spielraum für Ideen und Kreativität

Offenbachs Hafen 2 ist im Mai 2013 knapp einen Kilometer dichter an Frankfurt gerückt. Ob für das bewährte Kulturprogramm oder nur auf ein Getränk – hier strandet man gern zufällig oder landet bewusst, denn die Lage am Main sorgt für Urlaubsstimmung und die freundlichen, unprätentiösen Leute für den Wohlfühlfaktor.

Hafen 2 ist ein Ort für Kino, Kultur, Konzerte, Diskussionen, Tiere und noch einiges mehr oder einfach nur zum Sitzen, Trinken und Plauschen. Ein Ort, der mangels Wortalternativen gern als Kulturzentrum betitelt wird und bei dem Frankfurter fast etwas neidisch werden können. Kurz nach der Eröffnung strahlt im neuen Hafen 2 noch alles den Charme des Übergangs und Unvollkommenen aus. Doch auch das hat was. Und eigentlich war beim Offenbacher Hafen 2 ja schon immer alles irgendwie in Entwick-

lung – so wie der Rasen jetzt, der noch kommen soll. Schon da sind ein nostalgischer Wohnwagen mit Tischen und Stühlen davor und ein containerartig anmutender Hauptbau. Durch dessen große Glasfront bietet sich ein toller Blick auf den Main. Am Wasser müht sich etwas unterhalb des Hafen-2-Geländes ein Angler, Fische zu fangen, und auf dem Wasser fahren Boote vorüber. Hinter der Halbinsel, auf der der King Kamehameha Beach Club Sand aufgeschüttet

▶ **Im Sommer gibt's hier Open-Air-Kino für Filmliebhaber. Und das mit Blick auf den Main.**

und Liegestühle platziert hat, flirren Industriebauten im Abendlicht. Unschlagbar toll ist auch der auf Offenbacher Seite (noch) vorhandene Rest Industriekultur: Ein alter Verladekrahn wurde zu einer flackernden Lichtinstallation umgestaltet. Schlichte weiße Linien, gewellt, gezackt oder gerade ziehen den Betrachter in ihren Bann und malen überraschende Muster in den Nachthimmel. Hier lässt es sich bei einem Äppler, einem Wein oder Bier gut aushalten. Wie früher gibt's auch Flammkuchen, Börek und Kuchen. Und an einem Imbisswagen kriegt man Wurst mit Pommes.

Hafen 2 · Nordring 129 · 63067 Offenbach · Tel.: 069 26012223 · www.rotari.de
ÖPNV: S-Bahnhof Offenbach Kaiserlei

Frisches je nach Saison

63

Es gibt Dinge, für die selbst Frankfurter ihren Dünkel vergessen und nach Offenbach fahren. Der Wochenmarkt gehört dazu. Viele wissen aber gar nichts von diesem herrlichen Markt, der an drei Vormittagen die Woche auf dem Wilhelmsplatz stattfindet und unter Kennern als der beste im Rhein-Main-Gebiet gilt. Hier gibt's unglaublich frisches Brot, Obst und Gemüse vom Erzeuger sowie Fleisch aus der Region, aber auch Gewürze, Öle und südländische Spezialitäten. Hier kann man sich durchschlemmen: vom hessischen Handkäs über Frankfurter Worscht bis hin zu asiatischen Frühlingsröllchen. Die Cafés verbreiten südländischen Flair.

Wochenmarkt Offenbach · Wilhelmsplatz · 63065 Offenbach · http://offenbacherwochenmarkt.de/
ÖPNV: S-Bahnhof Marktplatz, Bushaltestelle Wilhelmsplatz

Ein leckeres Stück
Bella Italia

64

Frischer geht's nicht. Gerade noch waren Mozzarella oder Ricotta rohe Milch, und schon stehen sie auf der Theke. Denn hergestellt wurden sie in der hauseigenen Käsefabrik von Guiseppe L'Abbate. Aus guter Milch, mit viel Wissen und *con amore*. So findet man einige der besten und frischesten italienischen Käsesorten im gesamten Rhein-Main-Gebiet in einem Offenbacher Hinterhof, den man zwischen Spielcasino oder Telefonläden leicht übersehen könnte. Familie L'Abbate produziert seit mehr als 40 Jahren Käse und beliefert auch Feinkostläden und Gastronomen. Aber auch Oliven, Pasta, Salami und Süßes gibt es hier – in wunderbarer Qualität und zu tollen Preisen.

L'Abbate Käsefabrik · Bieberer Straße 23 · 63065 Offenbach am Main · Tel.: 069 887761
www.labbate.de · ÖPNV: S-Bahnhof Marktplatz

65 Stationen fürs Umwelt-bewusstsein

Wer am Main entlangspaziert oder -radelt, erfreut sich einer wunderschönen Uferlandschaft. Vorbeiziehende große Kähne erinnern zwar an die wirtschaftliche Bedeutung des Flusses, doch an die Bedeutung für Klima und Ökologie denkt man eher selten. Der Klimapfad macht mit einigen Stationen darauf aufmerksam.

Der Schwan, der auf der Offenbacher Seite nahe der Cassella-Brücke am Ufer brütet, scheint sich um das Kunstnest, das nur wenige Meter weiter in Offenbach-Bürgel auf einem alten Strommast thront, nicht zu scheren. Dabei wäre dieses aus roten Stäben gefertigte stilisierte Nest, das Vogelhotel und Monument für den Vogelschutz ist, viel sicherer als sein eigenes Nest. Doch der am Ufer hockende Schwan scheint durch seine Nähe zum Fluss ein Anliegen der Klimaroute zu demonstrieren: die Bedeutung der Flusslandschaften als Lebensraum für Vögel.

▶ Bei den 2013 eröffneten Main-Bars sorgen aufmerksame Inhaber, leckere Kartoffelecken und günstige Getränke für Stärkung bei der Entdeckung des Klimawandels, Strand-Feeling inklusive.

Die Station in Offenbach-Bürgel, die darauf hinweist, dass der Klimawandel Lebensraum und Nahrungsangebot der Vögel verändert, ist eine von mehreren bereits bestehenden oder noch entstehenden Stationen auf einer 25 Kilometer langen Strecke zwischen Kelsterbach im Westen über Frankfurt und Offenbach bis Mühlheim im Osten (die Station Flusswälder in Kelsterbach ist noch im Bau). Am Bürgeler Reichstag etwa geht es um »Flussatmosphäre«, an einem Steg mit gelben Pfosten um den Aufbau der Atmosphäre. Im Dunkeln ist der Besuch der »Flussfische« in Mühlheim interessant. Die mit Nachtleuchtfarben gestalteten Tafeln informieren hier über Fische im Main und im Amazonas. Die Stationen, die Antworten auf die Frage »Welche Folgen hat der Klimawandel?« geben und das komplexe Thema anhand seiner Folgen in mehreren Flussregionen der Welt vorstellen, wurden von Studenten der Offenbacher Hochschule für Gestaltung entworfen.

www.klimaroute.de

Glänzendes bearbeiten

Seit 2010 können Kinder gewissermaßen an der jahrhundertealten Geschichte Hanaus als Goldschmiedestadt mitklopfen und -hämmern. Seitdem hat das hübsche Goldschmiedehaus nämlich im Souterrain eine Werkstatt, in der Kinder nicht nur Materialien hinter Glas bestaunen, sondern auch selbst be- und verarbeiten können.

Auf einem weißen Tisch liegen Zangen, Perlen, Drähte und allerlei funkelndes und glitzerndes Zeug. Drum herum sitzen ein paar Kinder, die gerade ihre Begeisterung für schöne Materialien ausleben. Früher konnten die Besucher eine Schauwerkstatt nur wie ein kostbares Schmuckstück betrachten: hinter Glas. Nun aber können sie Materialien und Gerätschaften für die Goldschmiedekunst nicht nur aus der Nähe in Augenschein nehmen, sondern sogar benutzen und damit unter Anleitung eines Goldschmieds arbeiten: Zangen, Hämmer in diversen Größen, eine Waage auch für kleinste Gewichte, funkelnde Edelsteine und auch ein alter Amboss. Wer beim Gang durch das hübsche Haus mit seinen kleinen Kostbarkeiten nun glaubt, dass Schmuckmachen nur etwas für die Mädels ist, täuscht sich. Regelmäßig sitzen auch Jungs auf den Holzstühlen.

▶ Auch Kindergeburtstage für sechs bis zehn Teilnehmer werden in der Werkstatt ausgerichtet.

Doch auch für Erwachsene gibt es etwas im Haus aus der Spätrenaissance, das übrigens im Krieg ganz zerstört war und heute als originalgetreuer Wiederaufbau aus dem Jahr 1958 Hanaus Stadtkern ziert. Denn das Goldschmiedehaus ist ein Ausstellungshaus für Goldschmiedekunst von internationalem Rang und damit in Deutschland einzigartig. Historisches ist hier ebenso zu sehen wie die neuesten Entwicklungen in wechselnden Ausstellungen, Werke junger Nachwuchskünstler wie bedeutender alter Hasen. Ein besonderer Leckerbissen ist die seit 1965 alle drei Jahre stattfindende Silbertriennale. Dieser Wettbewerb ist einer der weltweit bedeutendsten seiner Art.

Goldschmiedehaus Hanau · Altstädter Markt 6 · 63450 Hanau · Tel.: 06181 256656
www.gfg-hanau.de oder www.museen-hanau.de

67 Gemüse, Kräuter und Zitrusbäume

Durch die Pforte in der hohen Klostergartenmauer gelangt man in eine andere Welt. Von mönchischer Askese ist im Garten des Benediktinerklosters nichts zu spüren. Wären da nicht die typischen Beete mit Heilkräutern, man fühlte sich wie in einem Schlossgarten.

Hier möchte man auf der Stelle Gärtner werden, sein städtisches Leben gegen das Kultivieren eines Gartens im Rhythmus der Jahreszeiten eintauschen. Haben es die hier lebenden Benediktiner doch vorgemacht, dass sich mit einem Garten weitgehend autark leben ließ. Und mit den Rabatten aus Gemüsepflanzen, Apfel- und Birnbäumen, die heute eigentlich nicht mehr angepflanzt werden, Feigenbäumen, Rosenstämmen, Buxhecken, dem Herbularium mit Küchenkräutern, Arzneikräutern und Giftpflanzen und vielem mehr fügen sich Nützliches und Schönheit im Klostergarten von Seligenstadt auf wunderbare Weise zusammen.

Die ehemalige Benediktinerabtei Seligenstadt ist eine der wenigen nahezu komplett erhaltenen Klosteranlagen in Hessen. Ihr Klostergarten existiert deswegen, weil Klöster seit dem frühen Mittelalter bis ins 19. Jahrhundert für die medizinische Versorgung des eigenen Konvents und der Landbevölkerung verantwortlich waren. Dabei ist der 1999 eingeweihte neue Apothekergarten ein bloßer Versuch,

▶ Im Café im Klostergarten bekommt man tollen Kuchen von dem sozialen Projekt Verein Lichtblick.

ihn so zu rekonstruieren, wie er im 18. Jahrhundert ausgesehen haben könnte. Die Einteilung der Flächen wurde aus einem 1712 entstandenen Kupferstich abgeleitet. Die enge Verbindung der Apotheke als Raum mit Labor, Offizin und Kräuterkammer und der Apotheke als Garten, in dem die Heilpflanzen angebaut wurden, ist in ihrem historischen Bezug einmalig im Bundesgebiet. Wichtig für die medizinische Versorgung war auch das Orangeriegewächshaus, schließlich lieferten die hier kultivierten Zitruspflanzen Vitamin C und andere Mineralstoffe. Hier wird übrigens auch die schwer zu kultivierende Ananas gezogen.

Ehemalige Benediktinerabtei · 63500 Seligenstadt · Tel.: 06182 829882 (Garten und Verwaltung)
www.schloesser-hessen.de

68 Grand Canyon im Rhein-Main-Gebiet

Die Dietesheimer Steinbrüche sind ein Naturjuwel, das zum Teil auf die Tatsache zurückgeht, dass hier zwischen dem 19. Jahrhundert und 1982 die 13 Millionen Jahre alte Lavamasse, also Basalt, abgebaut wurde. Reste einer Lorenbahn und Sprengbunker im Wald weisen noch auf die ehemalige industrielle Nutzung dieses Idylls östlich von Frankfurt hin.

Eine Nachtigall singt, ein Kuckuck klopft. Seen glitzern und schimmern tiefblau, Steinbrüche leuchten und bilden herrliche Felsformationen. Baumstümpfe stehen Mangrovenwäldern ähnlich im Wasser, es gibt romantische Inseln und eine fast 14 Meter hohe Brücke verbindet den Vogelsberger See und den Oberwaldsee.

Was so idyllisch wirkt, ist nicht ausschließlich natürlich gewachsen, sondern durch den Basaltabbau entstanden. Nach der industriellen Nutzung sammelte sich Grundwasser in den offen gelassenen Steinbrüchen, und innerhalb weniger Jahre formte sich hier eine grandiose Seenlandschaft. Dass hier heute Bäume und Sträucher wachsen, die das Bild der schönen und interessanten Wald- und Seenlandschaft prägen, ist kein Zufall: Rund 120 000 Bäume, zumeist Eichen und Erlen sowie annähernd 7000 Sträucher wurden zur Rekultivierung des Gebiets am Vogelsberger See und am Oberwaldsee gepflanzt. Selten gewordene Pflanzen und Tiere haben hier einen neuen Lebensraum gefunden.

▶ **Beim Gasthaus zum Grünen-See-Eck können Radfahrer und Wanderer eine Rast einlegen – die Holzterrasse am Wasser lädt geradezu zu einer Pause ein. Kulinarische Genüsse sollte man zwar nicht erwarten, für einen Schoppen ist dies aber der perfekte Platz.**

Das Terrain rund um den Oberwaldsee steht unter Naturschutz. Durch das wundervolle Naherholungsgebiet führen verschiedene ausgeschilderte Wege, an denen es immer wieder Aussichtsplattformen, Unterstände oder Stege gibt. Baden und Boot fahren ist leider verboten.

Dietesheimer Steinbrüche · www.muehlheim.de

Nasser Sommerspaß

Familien sind am Königsee in Zellhausen richtig, denn in Ufernähe ist er seicht und gut für Kinder geeignet. Der See, der in einer alten Flussniederung des Mains angelegt wurde, ist nach dem berühmten Berchtesgadener Königssee benannt. Und sein Wasser ist eines Königs würdig: herrlich klar.

Ein weicher, weißer Sandstrand, eine Liegewiese mit Bäumen und Holzinseln auf dem See: So schön kann der Sommer sein, vor allem, wenn man Freibäder mit gechlortem Wasser lieber meidet. Bei dem herrlich klaren See spielt es gar keine Rolle, dass ihn nicht hohe Berge flankieren wie seinen großen Bruder in Bayern. Der von Wald und Wiesen umgebene Baggersee ist 14,6 Hektar groß und landschaftlich reizvoll am Nordrand des Mainhausener Ortsteiles Zellhausen gelegen.

Wer nicht die ganze Zeit herumliegen möchte, findet andere schöne Betätigungsfelder: Surfen ist erlaubt, ebenso kann man Beach-Volleyball oder auch Freiluft-Schach spielen. Und auch schön spazieren gehen kann man hier, denn manche Uferbereiche sind sogar zu Naturschutzgebieten erklärt worden.

▶ Wer nach einem Badetag noch etwas Urlaubsgefühl essen möchte: Restaurant »Split«, Mainflinger Str. 2, 63533 Mainhausen, Zellhausen

Für den Betrieb am Königsee sorgt ein Strandbad. Neben dem Kiosk fürs leibliche Wohl ist eine Badeaufsicht gewissermaßen für die körperliche Unversehrtheit da. Auch Umkleidekabinen und Duschen sind vorhanden. Auch an die FKK-Freunde ist gedacht worden. Sie können sich übrigens in einem recht großen, durch Zaun und Hecke abgetrennten Bereich tummeln.

Aufpassen: Das Ufer ist nur am Badestrand flach. Und für die Anreise: Wegen der begrenzten Parkplätze sollte man mit öffentlichen Verkehrsmitteln anreisen oder aber das Auto nicht direkt am See parken. Hunde sind nicht erlaubt, und auch wildes Zelten ist verboten.

Badesee Zellhausen · Am See · 63533 Mainhausen-Zellhausen · www.mainhausen.de
ÖPNV: Zellhausen Altes Rathaus, Mainhausen · Fußweg 10 Min.

Römische Architektur, römisches Leben

70

In Aschaffenburg ist das untergegangene Pompeji ganz nah. Wandmalereien, Mosaikböden, farbenprächtige Räume – auch wenn hier nicht alles völlig originalgetreu nachgebaut ist, lässt das Pompejanum erahnen, wie beeindruckt die Welt vom Auftauchen einer untergegangenen antiken Stadt gewesen sein muss.

Pompeji-Rot an den Säulen, Atrium mit Wasserbecken und Amorstatue, ein tanzender Satyr, mit einem kräftigen Blau umrahmte Wandmalereien oder die einer Tradition in Pompeji geschuldeten Marmorbüsten mehrerer römischer Kaiser. Aber auch Alltagsgegenstände wie Aschegefäße, Öllampen, Haarnadeln oder Klinen sind hier zu sehen. Das Pompejanum sollte Schönheit zeigen und bilden. Und noch heute kann man hier etwas über die antike Welt lernen und sich an den herrlichen Farben und Malereien erfreuen. Ludwig I. von Bayern (1786–1868) ließ das Pompejanum rund 100 Jahre, nachdem man in Pompeji mit systematischen Ausgrabungen begonnen hatte, von Friedrich von Gärtner (1791–1847) bauen, um »jedem Freunde des klassischen Altertums, ohne ihm eine kostspielige Reise nach dem fernen Pompeji aufzuerlegen, Gelegenheit [zu] geben …, sich mit Plan, Aufbau und Ausstattung des antik-römischen Wohnhauses vertraut zu machen«. Pate für das Pompejanum stand übrigens das Anfang des 19. Jahrhunderts in Pompeji ausgegrabene zweigeschossige Haus des Castor und Pollux.

▶ **Anders als für die Erkundung des untergegangenen Pompeji braucht man für das Pompejanum nicht viel Zeit. Daher lohnt eine Kombikarte für Schloss Johannisburg und Pompejanum.**

Auch wenn die von Gärtner zu Volksbildungszwecken errichtete Villa nicht in jeder Hinsicht dem antiken Vorbild entsprechend und stilecht rekonstruiert wurde, wird das Pompejanum, das noch immer die Menschen begeistert, zurzeit seiner Entstehung erst recht nicht seine Zwecke verfehlt haben. Umso mehr, als es der erste Bau überhaupt war, der in Anlehnung an die Architektur Pompejis entstand.

Pompejanum · Schlossplatz 4 · 63739 Aschaffenburg · Tel.: 06021 218012
www.schloesser.bayern.de/deutsch/schloss/objekte/as_pom.htm

71

Weite Wege hoch über der Stadt

Im Umkreis von Frankfurt gibt es einige schöne Rad- und Spazierwege. Besonders herrlich ist die Hohe Straße, die seit der Jungsteinzeit als Fernhandelsroute diente. Früher wurden darauf Bernstein von der Ostsee und Tuche aus Italien befördert, heute lässt sie Urlaubsgefühle und Freude an den tollen Aussichten aufkommen.

Die Hohe Straße ist bis auf landwirtschaftliche Fahrzeuge verkehrsfrei – ideale Bedingungen für Wanderungen oder Radtouren. Auf der über 20 Kilometer langen Strecke bieten sich dauernd schöne Aussichten. Kein Wunder, dass die RegionalparkGesellschaftRheinMain diesen Weg für ihre Regionalparkroute entdeckt hat. Hier oben ist es nicht nur einfach wunderschön, sondern die Strecke ist auch sehr geschichtsträchtig. Darauf machen zahlreiche Hinweistafeln und Kunstwerke aufmerksam, anhand derer man die Kultur und Geschichte dieses alten Weges erkunden kann. Außerdem gibt es Stationen mit kreativen Rastmöglichkeiten, Grünanlagen und Spielplätzen.

▶ **Entlang der Hohen Straße gibt's kaum Einkehrmöglichkeiten. Darum: Proviant mitnehmen und auf einer der Liegen und Sitzmöglichkeiten entlang der Route picknicken!**

Bedeutsam ist die Hohe Straße, weil sie früher Teil eines *via regia* genannten Straßennetzes war, das ganz Europa überzog und letztlich den Handel zwischen Santiago de Compostela und Riga ermöglichte. Zwischen Frankfurt und Leipzig heißt die *via regia* vermutlich deshalb Hohe Straße, weil man sich darauf nicht durch Feucht- oder Sumpfgebiete bewegen musste und sie daher jederzeit nutzen konnte. Wer auf der Hohen Straße radelt oder spaziert, bewegt sich auch auf dem ehemaligen Highway zwischen Frankfurt und Leipzig, denn sie verband die beiden alten Messestädte. Und weil das Buch hier eine so wichtige Handelsware war, sind in Wachenbuchen, Windecken, Butterstadt und Hirzbach Leseecken eingerichtet, um diesen historischen Bezug erlebbar zu machen.

Wenn man in Bergen-Enkheim losradelt, sollte man unbedingt an der Kleinen Loh einen Blick zurückwerfen, denn hier bilden die Bäume einen natürlichen Rahmen für die Frankfurter Skyline.

Startpunkt: Hohe Straße, 60388 Frankfurt, Bergen-Enkheim
Endpunkt: Hohe Straße, 63546 Hammersbach

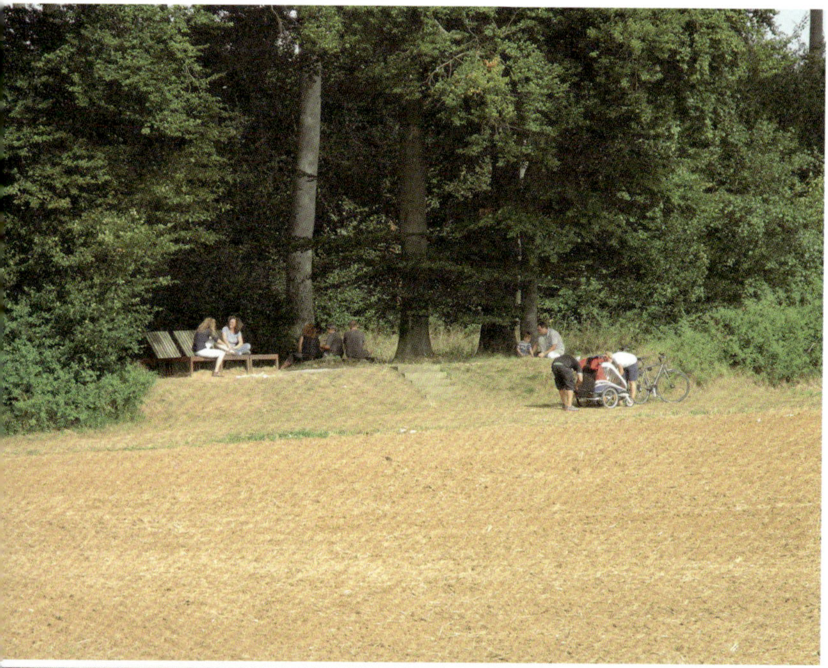

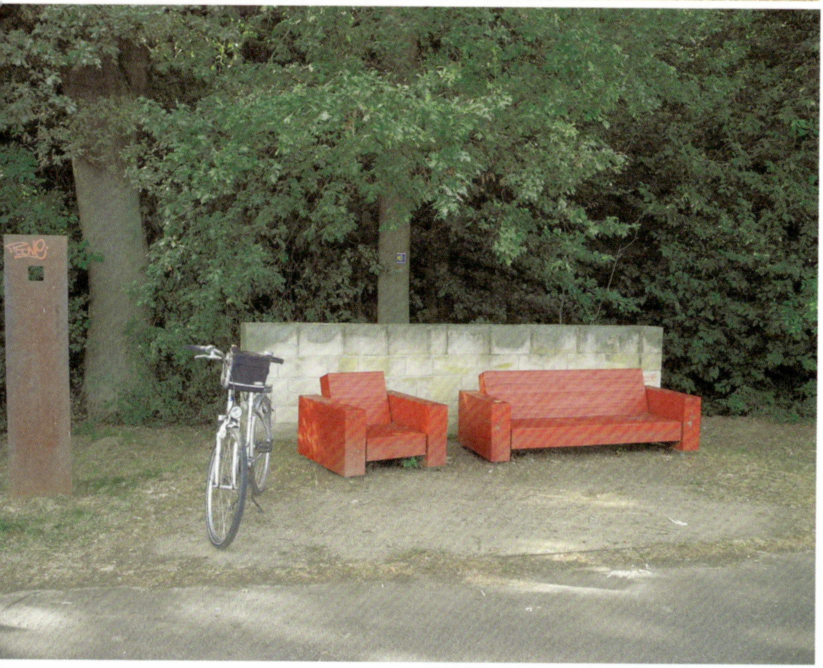

Träumen über buntem Beton

72

Das Waldspirale genannte Hundertwasserhaus zählt zweifellos zu den schönsten Sehenswürdigkeiten von Darmstadt. Und richtig genießen lässt sich das Ganze von oben. Längst nicht jeder weiß, dass sich im neunten Stock einer der märchenhaftesten Aussichtspunkte Darmstadts befindet – und seit Ende 2012 ein neues Lokal.

Der Blick von der Dachterrasse des Hundert H2O ist grandios: der Sonnenuntergang auf der einen, die Mathildenhöhe auf der anderen Seite. Bei schönem Wetter kann man bis Frankfurt und zum Feldberg sehen! Und das alles in einer wahrhaft malerischen Kulisse, auf einem grün bepflanzten Dach zwischen zwei typischen goldenen Hundertwasser-Kuppeln. Bei einem perfekt gekühlten Riesling oder einem guten Glenfiddich 12 Years kann man hier einen Frühlings- oder Sommerabend zu einem Event machen, das das Gefühl von Urlaub in einer anderen Welt vermittelt, auch wenn der fabelhafte Blick auf die Umgebung einen auch beim zweiten Glas – das man natürlich nur trinkt, damit diese Idylle nicht endet – noch sicher in der Rhein-Main-Region verortet. Fragen wie »Warum

▶ **Der nahe Prinz-Georg-Garten (Schlossgartenstraße) mit seiner Rokokostruktur und seinem farbenfrohen Nutz- und Zierpflanzen ist sehenswert.**

hat es manch moderne Architektur im Vergleich mit den Bauten von Hundertwasser so schwer?« erübrigen sich hier. »Es ist ein Haus für die Natur und die Träume des Menschen, ein Beispiel zur Mehrung der Natur in der Stadt«, schrieb Friedensreich Hundertwasser (1928–2000) über die zwischen 1995 und 2000 entstandene Waldspirale. Und weiter: »Es ist das Haus der Schönheitshindernisse. Von wo auch immer man es betrachtet, die vielfältigen Überschneidungen ergeben wohltuende Perspektiven.« Wie wahr! Da Hundertwasser auch ökologisch dachte, war diese hübsche auf rechte Winkel und rational wirkende Linien pfeifende Betonspirale in Sachen Baumaterial ehemals *state of the art*: Der Einsatz des Recycling-Betons wurde mit dem Institut für Massivbau der TU Darmstadt durchgeführt.

Hundert H2O · Waldspirale 8 · 64289 Darmstadt
Tel.: 06151 9613731 · www.hundert-h2o.de

73 Das neue Heim der Stadtpatronin

Schon die Namen Darmstadtia und Darmstadtium suggerieren, dass da zwei zusammengehören. Doch auch die Entstehungsgeschichte des Wissenschafts- und Kongresszentrums zeigt, dass es ein würdiges Heim für Darmstadts Schutzpatronin ist, die nach einer Exilzeit im Keller dort seit April 2013 wieder zu bestaunen ist.

Lange musste sie im Keller des Pädagog wie in einem Verlies ausharren. Nun sieht man sie noch immer nicht sofort, aber wenn man weiß, wo sie steht, kann man sie finden: die Darmstadtia, die Schutzpatronin der Stadt (1864 vom Bildhauer Johann Baptist Scholl dem Jüngeren vollendet). Vor einem Pfeiler aus Sichtbeton im hinteren Foyer des Darmstadtiums hebt sich ihr roter Stein nun gegen den grauen Hintergrund ab. Kein Wunder, wurde sie doch gereinigt, bevor sie an ihren neuen Platz kam.

Die Nase der zart und dennoch kraftvoll wirkenden Figur ist etwas lädiert, ihr Schwert abgebrochen, auf der Krone fehlen Zacken, und wer sie genauer betrachtet, wird noch ein paar kleine Defekte finden. Keine Schönheitsfehler, sondern Schäden der Bombennacht vom 11. September 1944, die auch die Schutzpatronin nicht verschonten und bewusst sichtbar gemacht werden sollen. Die hübsche Dame musste schon einiges aushalten. Bismarck, der »Eiserne Kanzler«, stieß die eigentlich Hassia genannte Sandsteindame 1906 von ihrem Brunnensockel auf dem Ludwigsplatz. Bismarck bekam dort den nach ihm benannten Brunnen, und Darmstadtia wurde auf das Taunusplätzchen im Martinsviertel umgesiedelt. Ihr neues Zuhause, das nach dem chemischen Element Darmstadtium benannte, 2007 eingeweihte futuristische Gebäude hat jedenfalls schon gezeigt, dass es gut mit dem Erbe der Vergangenheit umgehen kann. Die Elemente der alten Stadtmauer wurden wunderbar in den Bau integriert. Schon damit wurde das moderne und auf Zukunft angelegte Wissenschafts- und Kongresszentrum quasi zur Bewahrerin des Alten. Und beim Bau stieß man auf Reste eines alten Verteidigungstunnels und eines Turmes (in Führungen zu besichtigen).

Wissenschafts- und Kongresszentrum Darmstadt GmbH & Co. KG · Schlossgraben 1
64283 Darmstadt · Tel.: 06151 78060 · www.darmstadtium.de

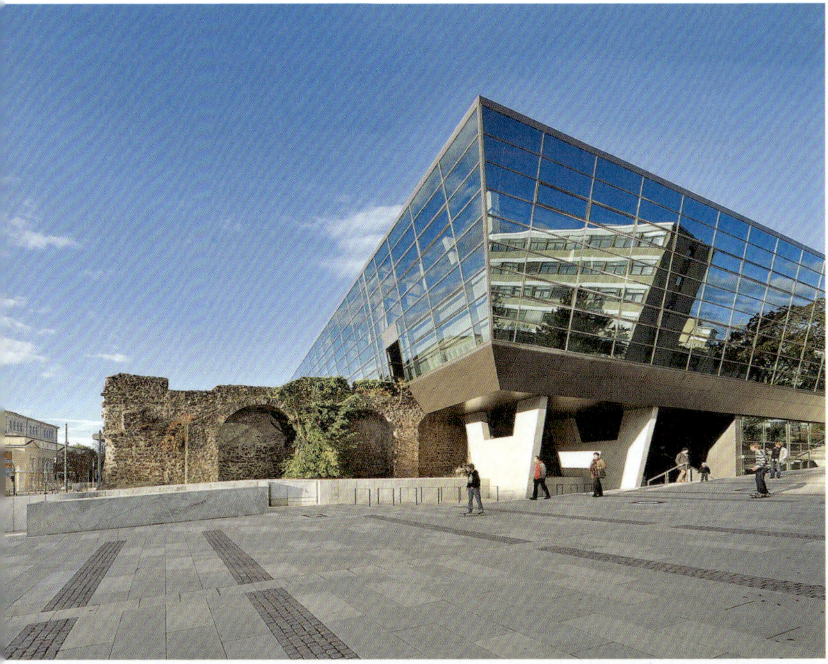

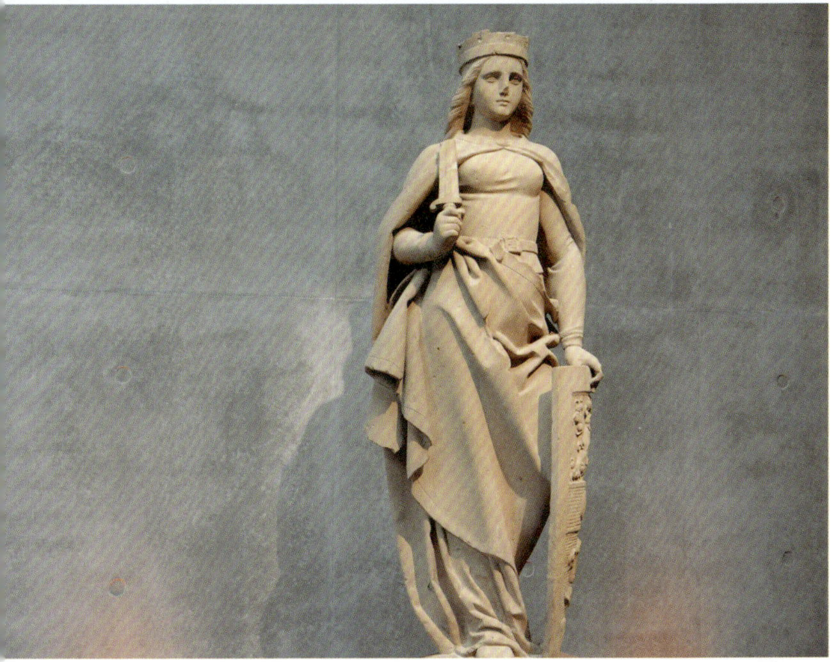

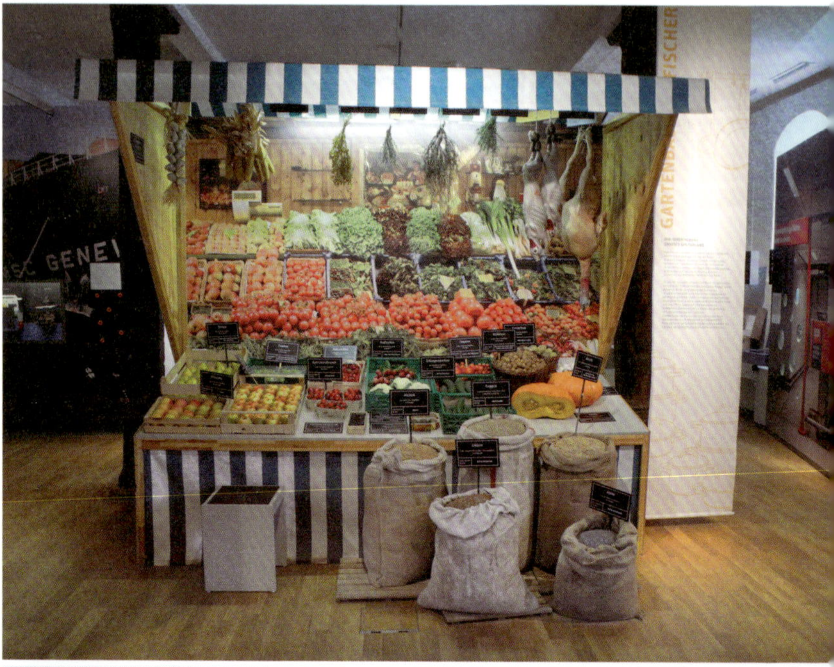
GENE
FISCHER
GARTENB

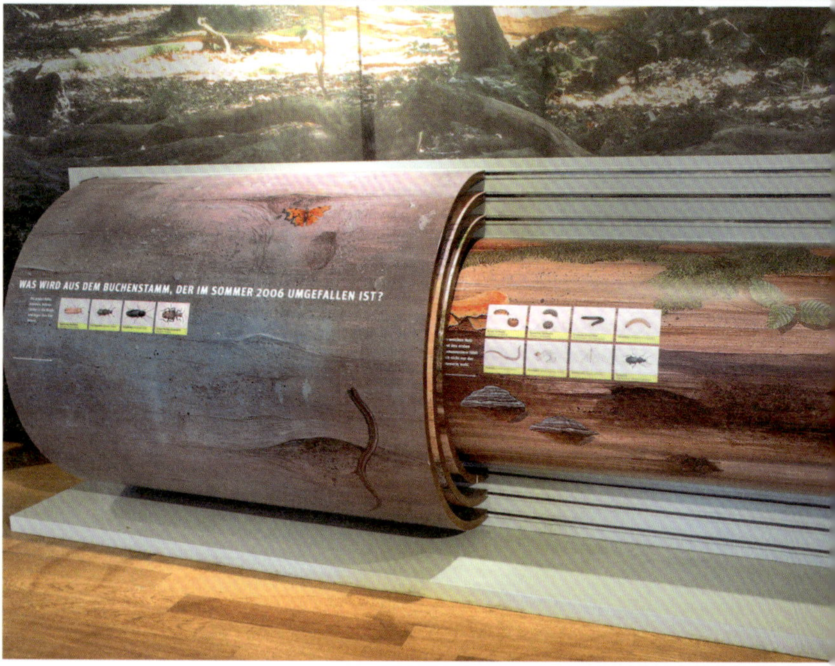
WAS WIRD AUS DEM BUCHENSTAMM, DER IM SOMMER 2006 UMGEFALLEN IST?

Artenvielfalt kinderleicht entdecken

Auch wenn Veränderungen manchmal Angst machen und nicht zwangsläufig gut sind: Dass das stete Kommen und Gehen, Entstehen und Vergehen einen Sinn hat und bereichert, kann man im bioversum erleben. Das Tier- und Pflanzenleben im Wald ist hier ebenso zu entdecken wie der Einfluss der Zivilisation auf die Natur.

Der Gang durch das bioversum ist eine kleine Entdeckungsreise, bei der man viel schiebt, guckt, ausprobiert. Die Geschichte der Museumsmaus Willi beispielsweise kann man sich erdrehen, Nachtigall, Singdrossel oder die Waldohreule auf Fingerdruck singen lassen oder an einer anderen Station Baumschichten verschieben, um zu sehen, was wo lebt. Gerade die Kleinen können hier ganz spielerisch die Veränderungen und Zusammenhänge in der Natur erkunden. Aber auch die Großen entdecken viel Spannendes. Ohne Entwicklung, Handel und Globalisierung sähe der kleine Marktstand im bioversum wohl kaum so aus, wie er aufgebaut ist: vielfältig mit Gemüse und Früchten aus aller Herren Länder bestückt. Mittels eines interaktiven Tisches kann man das unmittelbar erfahren, wenn man sich vir-

▶ **Stärken kann man sich im »Alten Forsthaus Kalkhofen« mit Biergarten, Teich, Pfauen, Hirschgehege und Kinderspielplatz.**

tuelle Teller mit Nahrungsmitteln zusammenstellt – und zwar durch die Jahrtausende. Man gerät ins Staunen, obwohl man hätte wissen können, dass Menschen längst nicht immer Spiegeleier auf ihren Tellern fanden, Kartoffeln oder Tomaten auch nicht. Aber auch Beeren, Knoblauch oder Rosmarin kamen vergleichsweise spät auf den Tisch. Ein spannender Versuch, bei dem man staunend erfährt, wie eintönig unser Essen in früheren Zeiten war.

Doch nicht nur in dem ehemaligen Zeughaus mit 500 Quadratmetern Ausstellungsfläche erfährt man etwas über biologische Vielfalt als Existenzgrundlage allen Lebens. Zahlreiche Exkursionen und Workshops führen nach draußen.

bioversum Kranichstein · Zeughaus Jagdschloss Kranichstein · Kranichsteiner Straße 253
64289 Darmstadt · Tel.: 06151 97111888 · www.bioversum-kranichstein.de/

Im tiefen Wald Jagdwissen erlaufen

Das dreiflügelige Renaissance-Jagdschloss mit Waffensammlung und Trophäengalerie ist ein begehbares Gesamtkunstwerk. Seit 2011 gibt es in dem dazugehörigen Wald einen jagdhistorischen Lehrpfad, der auch für tierliebende Jagdverächter interessante und überraschende Informationen bereithält.

Vom Parkplatz aus führt der Weg am 100 Meter langen Zeughaus vorbei entlang dem Backhausteich zum Jagdlehrpfad. Hoch in den Bäumen über dem See kann man die Kraniche entdecken, die dem Ort seinen Namen geben, und man taucht ein in die von Menschen gestaltete Naturschönheit. Auf acht doppelseitigen und teilweise interaktiven Schautafeln erfährt man unterwegs viel über die Jagd, die Gestaltung eines Parks und die »rechte« Ordnung in Natur und Gesellschaft zu Zeiten des Feudalismus.

Entlang dem mit bunten Hundetatzen gekennzeichneten, 4,5 Kilometer langen Lehrpfad ist zu lesen, dass diese idyllischen und ausgedehnten Wälder mit alten Eichen und hohen Kiefern ausgerechnet der Jagdleidenschaft der Landgrafen und Herzöge von Darmstadt zu verdanken sind. Und dass diese auch dazu geführt hat, dass der Kranichsteiner Wald heute ein Fauna-Flora-Habitat-Gebiet ist, das zum Erhalt wildlebender Tier- und Pflanzenarten beiträgt.

Die früheren Jagdpraktiken, so klärt eine Station auf, dienten zwar zur Belustigung der adligen Gesellschaft, waren aber aus damaliger Sicht keinesfalls so grausam, wie sie heute erscheinen, denn Tiere wurden als Maschinen angesehen. Auch Kurioses ist zu erfahren: Hundemeuten für Parforcejagden wurden so zusammengestellt, dass ihr Bellen besonders melodisch und gut klang. Eine wilde Wiese sieht mit Birken im Hintergrund aus, als wäre sie aus Russland nach Kranichstein verfrachtet worden. Da verwundert es nicht, dass Zar Alexander hier schon anlässlich seiner Verlobungsreise gejagt haben soll, woran die Alexanderburg erinnert.

Jagdschloss Kranichstein · Kranichsteiner Straße 261 · 64289 Darmstadt · Tel.: 06151 9711180
http://museum.jagdschloss-kranichstein.de

Tolle Aussicht mit 300 Jahre alter Kiefer

Hessen ist reich an Burgen und Schlössern. Eine der eindrucksvollsten Anlagen befindet sich bei Bensheim. Schloss Auerbach, einst die größte und wichtigste Burganlage an der Bergstraße, wurde bereits 1257 in einer Urkunde erwähnt. Nicht nur von den Türmen aus hat man einen herrlichen Blick – auch von der Terrasse.

Mit der Entwicklung der Waffen und Geschütze verlor die ehemals mächtige Burg an Bedeutung, da hier niemand mehr ernsthaft Schutz gefunden hätte. Während des Dreißigjährigen Krieges wurde die Burganlage gar stark zerstört. Während des Niederländisch-Französischen Krieges suchten Menschen Zuflucht in der schon unsicheren Burg – was für sie zum Todesurteil wurde. Denn die Soldaten töteten die Menschen dort und brannten alles nieder. Als 1693 nochmals französische Truppen entlang der Bergstraße marodierten, versetzten sie die Burg in den Zustand, in dem sie sich heute befindet. Seitdem ist das Schloss Auerbach eine Ruine. Irgendwann damals muss sich die Kiefer, die sich oben auf der Burgmauer zwischen die Steine gekrallt hat, dort breitgemacht haben. Sie ist um die 300 Jahre alt, ernährt sich von Kalk und Regenwasser und wächst praktisch kaum.

▶ **Der fünf Kilometer lange Commoder Weg verbindet das Alsbacher Schloss mit dem Auerbacher Schloss. Die Wanderung dauert etwa 1,5 Stunden.**

Die Sicht von der Wehrmauer ist gigantisch. Sie reicht von der Bergstraße über die Rheinebene hinüber nach Rheinhessen und zum Donnersberg, auf den benachbarten Melibocus und nach Osten in den Odenwald. Auch die Sicht aus dem Gastraum bzw. von der vorgelagerten Terrasse ist herrlich: Man blickt über Bensheim und die Rheinebene. Freunde von ritterlichen Mahlen und Spektakeln können auf Schloss Auerbach garantiert etwas erleben: bei Rittermahlen, an Abenden, an denen das Schloss in Flammen steht, oder bei den Auerbacher Festspielen. Die Besichtigung der Schlossanlage ist kostenlos möglich.

Schloss Auerbach · Außerhalb 2 · 64625 Bensheim · Tel.: 06251 72923 · www.schloss-auerbach.de

Kunst aus weißem Gold

Ein ganz besonderes Material gilt es in einem ganz besonderen Museum zu bestaunen: Das Deutsche Elfenbeinmuseum ist das einzige Spezialmuseum für Elfenbeinkunst in Europa. Neben zahlreichen Werken quer durch die Jahrhunderte und rund um den Globus kann man hier auch sehen, wie sie entstehen.

Beim Anblick der chinesischen Contrefait-Kugel aus dem 19. Jahrhundert, auch »Wunderkugel« genannt, gerät man ins Staunen: Mit den 23 darin frei ruhenden (nicht miteinander verbundenen) »Kugeln in der Kugel« ist sie ein raffiniertes Meisterstück, dessen Herstellung dadurch verblüfft, dass die innerste und kleinste Kugel als Erste entstand, also von innen nach außen geschnitzt wurde. Auch wenn man an den Werktischen im Museum den Entstehungsprozess eines Kunstwerks aus Elfenbein nachverfolgen kann – angefangen bei der ersten groben Skizze bis hin zur fertigen Figur –, verblüfft einen dieses filigrane Wunder dann doch.

▶ **Im Museum werden nicht nur Workshops für Erwachsene und Kinder (nach Anmeldung) angeboten, auch Kindergeburtstage richtet die Museumswerkstatt aus.**

Von indischen Gottheiten bis hin zu expressionistischer Elfenbeinkunst oder dem Exportschlager Erbachs, der sogenannten »Erbacher Rose«, wird hier in verschiedenen Räumen und Themenwelten Kunst aus dem weißen Gold präsentiert. Aber man kann auch erfahren, wie und warum eigentlich das Elfenbein nach Erbach kam. Seit 1990 wird in Erbach übrigens Mammutelfenbein verarbeitet – eine Reaktion auf das Welthandelsverbot für Elefantenelfenbein. Das Mammutelfenbein stammt aus dem Permafrostboden Sibiriens und lagert dort noch zu Millionen Tonnen. Es ist 10 000 bis 30 000 Jahre alt und – aufgrund der eingelagerten Mineralien – beige-karamellfarben. Es fällt nicht unter den Artenschutz, lässt sich genauso gut bearbeiten wie frisches (Elefanten-)Elfenbein und bildet die ideale Alternative.

Deutsches Elfenbeinmuseum Erbach · Otto-Glenz-Straße 1 · 64711 Erbach
Tel.: 06062 919990 · www.elfenbeinmuseum.de

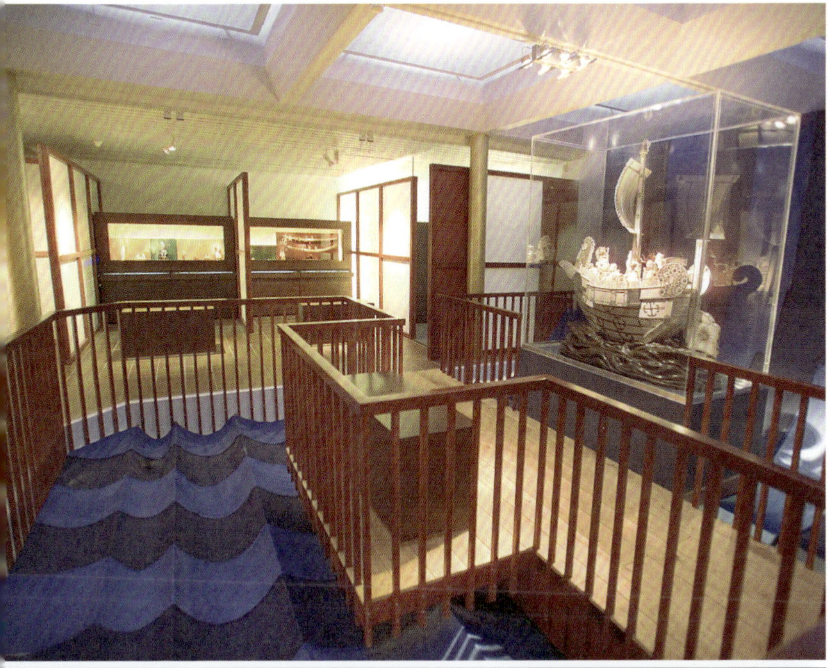

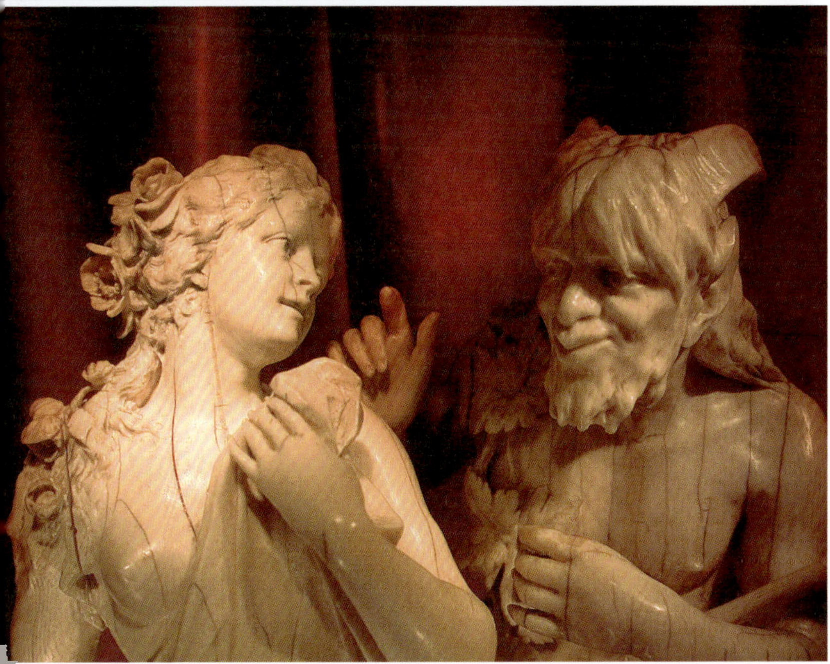

Steine erzählen Geschichte

Dass dieser Friedhof alle Ausschreitungen und Pogrome gegen Juden überdauert hat, grenzt an ein Wunder. Der »Heilige Sand« ist einer der ältesten, wenn nicht gar der älteste jüdische Friedhof Europas. Er überdauerte die Vernichtung der Wormser Juden, und jeder Grabstein ist ein Mahnmal gegen die Auslöschung jüdischer Geschichte.

An diesem ruhigen, kontemplativen Ort fühlt man sich seltsam zeitlos zwischen den Jahrtausenden. Dabei ist an jedem Grabstein Geschichte abzulesen. Die Zerstörungswut, die es einst in Worms gab, scheint zwischen den übermoosten und mit Efeuranken bedeckten Steinen weit weg zu sein. Dabei fielen die Synagoge ebenso wie Geschäfte der Juden in Worms den nationalsozialistischen Pogromen zum Opfer. In der NS-Zeit wurde die Wormser jüdische Gemeinde vollständig vernichtet. Doch die kleinen, schiefen, mit jüdischen Schriftzeichen versehenen Steine wie auch die großen, aufrechten Grabmale, auf denen hier und dort unter Steinchen kleine Briefe von Verwandten liegen, lassen die Welt sehr friedlich erscheinen. Zahlreiche Rabbiner liegen hier begraben, aber auch wichtige deutsche Familien.

▶ **Der jüngere Teil des Friedhofs auf dem äußeren Stadtwall gewährt einen eindrucksvollen Blick auf den Dom (»Martin-Buber-Blick«). Im Stadtmauerbogen zwischen Martins- und Judenpforte befindet sich das gut erhaltene jüdische Wohnviertel mit Synagoge.**

Anders als der berühmte Prager Friedhof ist der in Worms sehr groß. Mindestens 1300 Grabsteine stehen allein im alten, östlichen Teil. Jüdischen Vorgaben entsprechend gibt es hier keine Blumen, dafür einen alten und imposanten Baumbestand. Bis Ende 2012 ging man davon aus, dass das älteste Grab aus dem Jahr 1076 stammt. Inzwischen wurde jedoch sogar ein halb versunkener Stein ausgemacht, auf dem die Schriftzeichen für 1058/59 zu erkennen sind. Die Steine aus dem 11. Jahrhundert kann man an der einfachen, rechteckigen Form, den »Schreiblinien« und der Umrahmung des Schriftfeldes erkennen, bei denen aus dem 12. Jahrhundert fehlen Linien und Umrahmung.

Jüdischer Friedhof »Heiliger Sand« · Willy-Brandt-Ring 21 · 67547 Worms · www.worms.de

Ein Museum ohne Vorbild

Tief verborgen in der mächtigen Stadtmauer von Worms kann man zu den Wurzeln des Nibelungen-Mythos vorstoßen. Vieles von dem, was man hier erfährt, ist erstaunlich und wird aus tiefer Vorzeit in ein neues Licht geholt. Mit Mario Adorf im Ohr werden die Geschichten weitergesponnen.

Zugegeben: Von der Vorstellung, dass hier authentische Gegenstände präsentiert werden, muss man sich im Nibelungenmuseum verabschieden. Schließlich handelt es sich bei den Nibelungen um einen Mythos – vorzeigbare Originalfunde gibt es da nicht. Dafür jede Menge weitergesponnene Mythen und auch Vereinnahmungen des Stoffes. In Worms hat man sich gewissermaßen für die Flucht nach vorn entschieden.

Futuristisch mutet der Zauberstab, das »Rütelin« an, der sich wie eine leuchtende Kapsel im Turm emporstreckt. Stufe für Stufe steigt man dann um diese Kapsel herum, sieht auf ihren mosaikartig angeordneten Bildern Pierce Brosnan oder Roger Moore als James Bond zum Thema Helden – Siegfrieds Erben sozusagen. Und zum Thema Prinzessin sieht man Bilder der so unschuldig aussehenden Romy Schneider als »Sisi«. Aber auch was es mit Siegfried und der Dolchstoßlegende auf sich hat, erfährt man hier. Stufe für Stufe führt der anonyme Dichter, dem Mario Adorf im Audioguide seine Stimme leiht, die Vereinnahmung des Mythos ad absurdum – freilich nicht ohne als anonymer Dichter mehrfach darauf zu verweisen, dass er für die spätere Vereinnahmung des Stoffes durch die Nationalsozialisten nichts könne.

Über einen Teil der Stadtmauer, vorbei an alten Stadtansichten, geht es dann weiter zum Hörturm, in dem es um die Dichtung selbst geht. Während man auf stilisiertem Thron sitzt, lauscht man Anonymus, der unter anderem über seine Zeit und seine Quellen spricht. Im unterirdischen »Mythenlabor« können Besucher im multimedialen Infozentrum in Bild- und Audiodatenbanken zu den Sagenwelten und zur Historie stöbern.

Nibelungenmuseum Worms · Fischerpförtchen 10 · 67547 Worms · Tel.: 06241 202120
www.nibelungenmuseum.de

Mahnmal gegen das Vergessen

Nur wenige kennen das Konzentrationslager in Osthofen, das immerhin das erste im damaligen hessischen Volksstaat war. Hier kann man viel über die Anfänge des Nationalsozialismus erfahren. Man sieht und liest, wie viel die Deutschen über die Gräueltaten des Regimes wissen konnten – ein Appell gegen das Wegschauen.

Ende Januar 1933 wurde Adolf Hitler zum Reichskanzler ernannt, und bereits am 6. März trafen in der leer stehenden ehemaligen Papierfabrik in Osthofen die ersten Häftlinge ein. Vielleicht wäre dieses KZ längst vergessen worden, hätte es nicht den Roman *Das siebte Kreuz* von Anna Seghers (1900–1983) gegeben, dem sich ein Teil der Dauerausstellung widmet.

Die kleine alte Fabrikhalle, in der die Gefangenen auf dem Boden schliefen, sieht heute nackt aus. Der nüchterne Ort lässt viel Raum für die Vorstellung von Kälte, Hunger, Schmutz, Krankheiten, Demütigungen, Quälereien, die die Inhaftierten hier erlitten. In Seghers' wirklichkeitsnahen Schilderungen liest man über den Hunger, die harte Arbeit, die Angst im Konzentrationslager. Aus eigener Erfahrung wusste sie zudem, wie die Bevölkerung auf diese Anfänge des Nationalsozialismus und die Verhaftungen reagierte. Und auch dieser Information lässt sich in der sorgfältig aufbereiteten Dauerausstellung kaum ausweichen: Die Nationalsozialisten wollten mit den Konzentrationslagern Schrecken verbreiten. Mit der gleichgeschalteten Presse arbeiteten sie daran, die Bevölkerung über die Lager zu informieren, auch wenn einiges verharmlost wurde. Fast täglich konnte man jedenfalls – wie in der Ausstellung zu sehen – in den Zeitungen lesen, wer verhaftet und nach Osthofen gebracht worden war.

Der bekannteste Häftling war der Pressereferent im hessischen Innenministerium, Carlo Mierendorff, dem ein ganzer Raum gewidmet ist. Der Gegner des Nationalsozialismus ahnte schon 1933, welche Macht Hitler hatte: »Hitler kann nur durch einen Krieg von außen beseitigt werden.«

Gedenkstätte KZ Osthofen · Ziegelhüttenweg 38 · 67574 Osthofen · Tel.: 06242 910810
www.gedenkstaette-osthofen-rlp.de

Unter den Straßen von Oppenheim

Die Kellerräume unter der Stadt Oppenheim waren der Grund dafür, dass in den 1980er-Jahren ein Polizeiwagen im Untergrund verschwand. An den fast 300 Jahre lang verschütteten Kellern kann man ablesen, dass das heute vergleichsweise kleine Oppenheim einmal wirtschaftlich bedeutender war als beispielsweise Frankfurt.

Eine kleine Reise führt uns von den sonnendurchfluteten Weinhängen des Rheins in eine Welt unterhalb der Stadt. Vor dem Abtauchen in diese Unterwelt muss man sich eine Baukappe aus Plastik als Kopfschutz aufsetzen. Bisweilen sind die Gänge unter Tage tatsächlich so niedrig, dass einen die Plastikkappe davor bewahrt, mit dem Kopf an der Decke entlangzuschrubben. Während man sich hie und da duckt und vorsichtig eine Treppe nimmt, kann man sich gut vorstellen, dass es unglaublich mühsam gewesen sein muss, diese Keller freizulegen. Alles wurde in Handarbeit gemacht, für große Gerätschaften ist es mal zu verwinkelt und mal zu eng. Auch im 21. Jahrhundert herrschen hier unten noch die Zustände des Mittelalters.

Einen Meter Tunnel freizulegen dauert heute ungefähr sechs Wochen, innerhalb von sechs Jahren wurden bislang 200 Meter Keller freigeräumt. Schutt und Geröll vergangener Jahrhunderte mussten abtransportiert werden, auch wenn die Keller in Kriegszeiten immer mal wieder als Zufluchtsort genutzt wurden. Denn gebaut wurden die Keller um 1008. Gebraucht wurden sie, weil Oppenheim, das an der damals wichtigen Handelsroute Prag – Paris lag, die Markt- und Stapelrechte erhielt. Das verpflichtete die durchreisenden Händler dazu, ihre Waren in Oppenheim anzubieten. Mit der wirtschaftlichen Bedeutung wuchs auch der Raumbedarf. Doch das mittelalterliche Städtchen war eng. Also entschloss man sich, in die Tiefe zu graben. Der Lössboden eignete sich gut für den Kellerbau, und praktisch jeder grub sich einen Keller. Vieles an der Geschichte der Oppenheimer Keller wird wohl ein Geheimnis bleiben, denn 1689 wurde die Stadt komplett niedergebrannt.

Touristinformation Oppenheim · Merianstraße 2a · 55276 Oppenheim · Tel.: 06133 490919
www.stadt-oppenheim.de

82 Die Geheimnisse der Sektherstellung

Freunde des Schaumweins kommen voll auf ihre Kosten: Hier kann man die weltgrößte Sektglassammlung bestaunen und in die tiefsten Sektkeller der Welt hinabtauchen, Sekt verkosten und die Kultur eines ehemaligen Luxusgutes erfahren. Aber auch Geschichtsinteressierte erfahren bei einer Führung durch die Sektkellerei Neues.

Sieben Stockwerke reichen bis zu 50 Meter in die Tiefe, wo in kühlen Gängen das Geheimnis der Sektherstellung gelüftet wird. Insgesamt sind die Gänge um die 4,5 Kilometer lang. Leider sind heute nicht mehr alle Stockwerke für die Öffentlichkeit zugänglich, da die untersten Etagen durch das Grundwasser einsturzgefährdet sind. Sekt lagert dort nicht mehr.

Was man nicht vermutet: Hier befindet man sich an einer echt historischen Stätte. Die Keller stammen bereits aus der Römerzeit, da sich dort,

wo heute die Kupferbergterrasse liegt, ehemals römische Kasernen befanden. Daher kann man im Museum auch um die 2000 Jahre alte Weinamphoren, Krüge und Trinkschalen sehen. Als Christian Adalbert Kupferberg 1850 seine »Fabrication moussierender Weine« gründete, konnte er in puncto Lagerkeller dank der Römer gewissermaßen aus dem Vollen schöpfen. Im Zweiten Weltkrieg fanden Tausende Mainzer dort unten Zuflucht. Und wer sich wundert, warum es einen Bismarck-Saal und ein Bismarck-Zimmer gibt: Der Eiserne Kanzler weilte auch schon hier.

▶ **Die Kupferbergterrasse hat seit 2012 ein neues Restaurant. In der herrlichen Umgebung nahe den edlen Tropfen muss man nicht unbedingt teuer essen. Es gibt auch Flammkuchen oder Ravioli mit Pilzen.**

Nach der Erkundung der Geheimnisse »unter Tage« kann man von der Terrasse einen tollen Blick über Mainz genießen. Übrigens: Auch die weltweit größte Sektgläsersammlung mit Exponaten quer durch die Welt und die Jahrhunderte ist hier ausgestellt. Sogar Gläser für Unentschiedene gibt es: Je nachdem, wie man das Glas dreht, ist es für Sekt oder Wein gedacht.

Kupferbergterrasse Mainz · Kupferbergterrasse 17 · 55116 Mainz
Tel.: 06131 9230 · www.kupferbergterrasse.com

83 Eine Mainzer Erfolgs-geschichte

Stilvolle und feminine Mode »made in Meenz« von einer echten Mainzerin gibt's am Judensand. So wenig exzentrisch wie ihre Mode ist auch ihre Schöpferin Anja Gockel. Dabei ist die Geschichte der Frau, die an Modeschulen in Hamburg und London studierte, so unglaublich, wie sie nur die Wirklichkeit zu schreiben weiß.

Danach können sich Modemacher nur die Finger schlecken: Bei Vivienne Westwood arbeiten und auf eine Bewerbung hin von Tommy Hilfiger hören: »Ich habe noch nie eine so kreative Kollektion gesehen … Machen Sie Ihr eigenes Label.« Dann wollte auch noch ein Fernsehredakteur einen Beitrag über sie senden.

Wenn man gerade zu so einem Zeitpunkt, an dem einem das Glück winkt, keine aktuelle Kollektion hat, hilft nur eines: Augen auf und durch – nicht schlafen, sondern eine Kollektion fertigstellen. So geschah es. Natürlich wurde die Kollektion in Paris sogar ein großer Erfolg – übertroffen womöglich nur noch vom Glück der Liebe. Denn der Redakteur und Anja Gockel heirateten – und heute ist die Modeschöpferin vierfache glückliche Mutter.

Warum sie so erfolgreich ist, kann man seit März 2012 auch in ihrem eigenen Store in Mainz sehen. Da entdeckt man einen femininen Stil, der Mut zur Farbe zeigt und für Frauen gemacht ist, die auch gern gesehen werden wollen. Gockels Credo dabei: »Ich achte auf weibliche Formen, viele Farben und vor allem realistische Größen.«

Dabei sind ihre Kollektionen trotz edler Stoffe oder ins Auge springender Applikationen voll alltagstauglich. Der Leichtigkeit ihrer Mode merkt man an, dass sie nicht dem sicher manchmal auch anstrengenden Alltag abgetrotzt wurden, sondern auch, dass Anja Gockel sich ihre Inspirationen im Urlaub bei anderen Kulturen holt. In ihrem Laden werden die Kundinnen von kompetentem Fachpersonal oder von Anja Gockel höchstpersönlich beraten.

Anja Gockel Atelier & Shop · Am Judensand 59e · 55122 Mainz
Tel.: 06131 304620 · www.anja-gockel.com

Jüdischen Glauben mittels Architektur erfahren

Seit 2010 steht am Rande der Mainzer Innenstadt eine spektakuläre Synagoge. Mancher mag die spitzen Ecken und die asymmetrische Bauweise etwas exzentrisch finden – doch zu Unrecht. Der Bau der Synagoge nimmt nämlich auf ungewöhnliche Weise die für das Judentum so große Bedeutung der Schrift in die Architektur auf.

Am Anfang war das Wort. Diese Aussage ist in der Mainzer Synagoge Raum geworden. Die enge Verbindung von Judentum und Schrift gilt für diesen Bau ganz besonders. Je nachdem, wie das Licht einfällt und von wo aus man auf den gezackten, schräg zulaufenden und immer wieder spitz in den Himmel ragenden Bau blickt, schimmert er grünlich oder schwarz. Er sieht mehr wie eine Skulptur denn wie ein Gebäude aus. Die Silhouette der Synagoge stellt die Architektur gewordene Übersetzung des hebräischen Wortes *quadushah* (קדושה: Heiligung, Segensspruch) dar. Da die jüdische Kultur eine Schrift- und keine Bildkultur ist, wählte der Architekt Manuel Herz die Tora (die Heilige Schrift) als Fundament dieser Architektur. Das nach Osten (Jerusalem) ausgerichtete, trichterförmige Dach des Versammlungsraumes stellt dabei ein Schofar dar, der für die Kommunikation mit Gott steht. Die Form der Synagoge nimmt also den Ruf der Gemeinde nach JHWH, das Lauschen auf den Ewigen, und das Empfangen des göttlichen Lichts und seiner Weisheit in die Architektur auf.

Im Vordergrund finden sich übrigens die restaurierten Säulenreste der 1938 niedergebrannten Hauptsynagoge. Sie machen bewusst, dass sich der Neubau einer Synagoge auch immer mit dem Holocaust auseinandersetzen muss. Architekt Herz hat sich bewusst geweigert, den Vorgängerbau und damit Zerstörung und Holocaust als Thema aufzunehmen, da er die Geschichte der Juden nicht verkürzen oder auf den Holocaust konzentrieren wollte. Vielmehr hat er die Bedeutung der Schrift für das Judentum aufgenommen und einen Ort geschaffen, in dem man erleben kann, wie ein hochmoderner Bau Gebetsstätte und jahrtausendealte Kultur vereint.

Neue Synagoge Mainz · Synagogenplatz (Ecke Hindenburgstraße/Josefsstraße) · 55118 Mainz
Tel.: 06131 2108800 · www.jgmainz.de

Gemütlichkeit mit Musik statt Wacht am Rhein

Wie romantisch! Noch dazu scheint in der Caponniere aus jedem Stein Geschichte zu kriechen – und Steine gibt es hier viele, und dicke. Dafür keine Fenster. Das macht aber gar nichts, sondern sorgt für Behaglichkeit. Außerdem sitzt man vermutlich im außergewöhnlichsten Kneipengebäude in ganz Mainz.

»Der Bewohner von Mainz darf sich nicht verbergen, dass er für ewige Zeiten einen Kriegsposten bewohnt: alte und neue Ruinen erinnern ihn daran. Aber auch diese wird der eifrige Forscher zur Vermehrung seiner Kenntnisse, zur Bildung des Geistes nutzen ...« Dass diese Worte Johann Wolfgang von Goethes nicht bloß Dichtung, sondern auch Wahrheit sind, das zeigt die Caponniere (italienisch für »Großer Kopf«) in Mainz. Von hier aus konnten die Verteidiger der Stadt mit Gewehren oder Geschützen auf Angreifer schießen. Darum sitzt man in der Caponniere auch hinter Schießscharten und nicht an großen Fenstern. Eigentlich ist es ein kleines Wunder, dass es diesen Wehrturm überhaupt noch gibt. Denn schon im Ersten Weltkrieg waren derartige Festungsanlagen unter militärischen Gesichtspunkten bedeutungslos geworden, und der Versailler Vertrag forderte ihren Abbau.

Da die Zeiten friedlicher geworden sind, ziert heute, wo früher Munition und Ähnliches lagerte, ein Piano den eindrucksvollen Raum, und statt Gewehrsalven oder Kanonendonner erklingen nun schöne Töne. Roman Steinwender betreibt seit 2011 die Caponniere und haut hier auch mal in die Tasten seines Prunkstücks. Die Gäste schlürfen an Kaffee, Cocktails, Bier oder Wein. Im Sommer sitzen sie draußen, mit Blick auf den Fluss, im Winter prasselt drinnen ein Kaminfeuer.

Nur wer die Toilette aufsucht, sollte etwas aufpassen. Der Weg führt über eine enge Wendeltreppe. Dass in der Caponniere nämlich irgendwann mal Menschen sitzen könnten, die einfach das Leben und den Wein genießen, daran wurde beim Bau eines Wehrturms natürlich nicht gedacht – offenbar kam das ja nicht einmal Goethe in den Sinn.

Caponniere · Taunusstraße 44 · 55118 Mainz · Tel.: 0160 6896514
https://de-de.facebook.com/Caponniere/info
ÖPNV: Bushaltestellen Kaisertor/Stadtbibliothek, Feldbergplatz/Stadtwerke Mainz

Wo die Steine zu atmen scheinen

86

In Bad Münster am Stein befindet sich mit dem Rotenfels nicht nur die einzige 200 Meter hohe natürliche Steilwand zwischen Nordsee und Alpen, sondern auch ein Steinskulpturenmuseum. Die Fondation Kubach-Wilmsen gewährt in einem architektonischen Meisterwerk Blicke in Steine.

Die im Museum und im umliegenden Park gezeigten, zwischen 1970 und 2012 entstandenen Steinskulpturen sind allesamt eine »Hommage an den Stein«, wie Anna Kubach-Wilmsen sagt. Und als solche ein Relikt einer millionenjährigen Entstehungsgeschichte der Erde. Man wird still. Vor Büchern aus Stein, die zu atmen scheinen, oder einer ungeheuer zart erscheinenden, im Wasser stehenden schlanken Säule aus Steinen aller fünf Kontinente. Daneben steht ein von dem weltberühmten japanischen Architekten Tadao Ando geschaffener Bau, eine kunstvolle Scheunenskulptur, die auf wundervolle Weise Holz und Beton, deutsches Fachwerk und japanische Holzbaukunst, Tradition und Moderne verbindet.

Für Anna Kubach-Wilmsen und ihren 2007 verstorbenen Mann Wolfgang Kubach wurde der Stein Passion und Partner: »Wir verliebten uns beide in den Stein und erlebten ihn wie eine dritte Person in unserem Team.« Und damit änderte sich ihre Herangehensweise an den Stein, in dem es – wie sie und ihr Mann in zahlreichen Ausstellungen und Arbeiten weltweit zeigten – einiges zu schauen gibt: »In 2000 Jahren europäischer Kunstgeschichte war der Stein immer Material der Form. Beispielsweise bei den Römern ein Caesar-Kopf, Politik, im Mittelalter eine Pietà, Religion, im letzten Jahrhundert ein preußischer Kaiser, Macht. In unserer Arbeit ist die Form Anschauungsmaterial des Steins. Der Stein ist Materie. Erst war der Stein und dann das Leben. Der Stein trägt die Evolutionsgeschichte seiner Herkunft in sich, die uns neugierig macht.« Jeden Sonntag um 15 Uhr wird im Rahmen einer öffentlichen Führung diese Kunst gewordene Geschichte erklärt.

Fondation Kubach-Wilmsen · Heilquelle · Postfach 1217 · 55583 Bad Münster am Stein
Tel.: 06708 2385 · www.fondation-kubach-wilmsen.de

87 Heilende Schwefelquelle

Der Kurpark von Bad Weilbach ist ein idyllischer, geradezu verwunschen wirkender Ort. Wie das hübsche, aber etwas in Vergessenheit geratene Heilbad Bad Weilbach selbst wirkt der Park, als liege er im Dornröschenschlaf. Dabei hat das Landesamt für Denkmalpflege ihn erst 2011 als besonders schutzwürdiges Kulturgut ausgewiesen.

Hat man das kleine, nein, winzige Bad Weilbach erst mal erreicht, dann könnte man auf der Suche nach dem Park der eigenen Nase folgen: Die im Park gelegene Faulbornquelle, der Bad Weilbach seinen Status als Kurbad verdankt, ist eine der an Schwefel reichsten kalten Mineralquellen Deutschlands. Das Wasser der faulig riechenden Quelle soll unter anderem Hauterkrankungen lindern. Doch nicht nur der Faulborn lohnt einen Besuch. Auch ein Wildgehege mit Hirschen und Damwild macht den Park zu einem schönen Ausflugsziel für Familien.

▶ Alljährlich am Pfingstwochenende findet rund um die Schwefelquelle das Bad Weilbacher Brunnenfest statt.

Das übel riechende Nass wurde bereits um 1650 zum ersten Mal urkundlich erwähnt. Schon damals schworen die Anwohner auf dessen heilende Wirkung bei Haut- und Unterleibserkrankungen. Doch erst mehr als 130 Jahre später wurde dem Kurfürsten Friedrich Carl Joseph von Mainz von der heilenden Quelle berichtet. 1786 endlich konnte das Wasser mit kurfürstlichem Wappen verkauft werden. Um 1837 herum wurde dann das heutige Palais Weilbach als Kurhaus erbaut. Einige Jahre später folgte das Kavaliershaus mit dem Inhaliertrakt. Für kurze Zeit entwickelte sich in Bad Weilheim ein reger Kurbetrieb.

Doch weder der Status des Faulborns als eine der schwefelhaltigsten Quellen Deutschlands noch Kurhaus und Inhaliertrakt konnten den Abstieg von Bad Weilbach als Kurstadt verhindern. Städte wie Bad Homburg, Bad Soden und Wiesbaden waren schließlich kulturell reizvoller und zogen mehr Kurgäste an.

Kurpark Bad Weilbach · Parkstraße · 65439 Flörsheim

Wein und Ausblick

Er sieht aus wie ein Turm aus dem 15. Jahrhundert, ist aber eine 1996 errichtete Rekonstruktion. Denn während man ehemals von hier aus Kastel, Kostheim, Hochheim, Flörsheim und den Main überwacht hatte, war die Warte irgendwann funktionslos geworden, weshalb sie im 19. Jahrhundert abgetragen wurde. Einen fantastischen Blick über Rheingau, Taunus, Frankfurt und Odenwald hat man heute noch immer. Daneben locken ein Biergarten im Weinberg und ein Restaurant im Turm. Am Herd steht hier der bekannte Koch Michael Beck. Die servierten Weine stammen aus Wicker, teilweise aus Hochheim, dem Rheingau und Rheinhessen.

Flörsheimer Warte · Landwehrweg · 65439 Flörsheim · Tel.: 06145 5849407
http://michael-beck.de/Floersheimer-Warte-Seite-1321.html

89

Große Kunst im Taunus

Dass es in Frankfurt Museen mit großer Kunst gibt, ist bekannt. Dass sich das »Who´s who« der Kunst des 20. und 21. Jahrhunderts auch in Hochheim finden lässt, weiß nicht jeder: Mehr als 400 Exponate umfasst die schillernde Privatsammlung von Liane und Hermann Rosteck. Einen Teil davon – darunter Werke von Joseph Beuys, Salvador Dalí, Max Ernst, Joan Miró und Pablo Picasso – kann man in der sogenannten Burgeff-Villa, bestaunen, sogar mit einem Glas Wein in der Hand. Da die Atmosphäre eher familiär ist, fühlt man sich der Kunst näher.

▶ **Die katholische Pfarrkirche Sankt Peter und Paul, das Wahrzeichen der Stadt Hochheim, beherbergt spätbarocke Fresken von Johann Baptist Enderle.**

Hochheimer Kunstsammlung · Villa Burgeff · Mainzer Straße 35 · 65239 Hochheim am Main
Tel.: 06146 900141 (Kulturamt) · www.kunstsammlung-hochheim.de

90

Hock von Flick

»A good Hock keeps off the doc«, sagen die Engländer. Während auf der britischen Insel die Qualität des Rieslings aus Hochheim bekannt ist, hofft dieses Wissen in Deutschland durchaus noch auf Entdecker. Ein Weinerlebnispfad im Taunus sorgt für Abhilfe, und einen nachhaltig produzierenden Winzer lernt man dabei auch kennen.

Viele denken bei »Rheingau« immer noch an die Weine entlang dem Rhein. Dabei ist man im Taunus stolz, dass im Englischen der Name für einen Taunus-Riesling schon seit 1625 »Hock« heißt – abgeleitet von dem für Briten nahezu unaussprechlichen Ort Hochheim. Eine, die den Wein auf jeden Fall zu schätzen wusste, war Queen Victoria, die Hochheim 1845 besuchte und zu einer Weinprobe geladen wurde. Später durfte das Weingut seinen Weinberg »Königin Victoriaberg« nennen und dankte es mit einem Denkmal für die Königin, das noch heute zu sehen ist. Der Königin Victoriaberg wird inzwischen vom Weingut Flick mitbewirtschaftet. Hinter dem Weingut geht der 2012 eingeweihte Weinerlebnisweg vorbei, auf dem man nicht nur Geschichten um den Wein erfährt, sondern auch, wie die unterschiedlichen Böden auf den Charakter des Weins wirken.

Das Weingut Flick verdient schon deshalb Beachtung, weil es für seine Art der Weinproduktion als erster Rheingauer Winzer das Fair-Choice-Siegel erhielt. Denn Reiner Flick verzichtet nicht nur auf Herbizide, sondern zahlt seinen Mitarbeitern auch faire Löhne. »Ich glaube fest daran, dass sich Nachhaltigkeitsmaßnahmen positiv auf die Qualität des Weins auswirken. Wenn man ein Umfeld schafft, in dem sich Winzer und Mitarbeiter wohlfühlen, kommt das auch bei den Reben an«, ist Flick überzeugt, ohne dabei esoterisch klingen zu wollen. Sein Anliegen hat er von seinen Vätern und Großvätern übernommen. Um die Tradition zu wahren, möchte er sich in Zukunft von fossilen Brennstoffen unabhängig machen. Weine kann man hier nur im Stehen probieren. Bei den zahlreichen Events, die Flick initiiert oder an denen er teilnimmt, ist das natürlich anders.

Weingut Flick · Straßenmühle · 65439 Flörsheim · Tel.: 06145 7686 · www.flick-wein.de

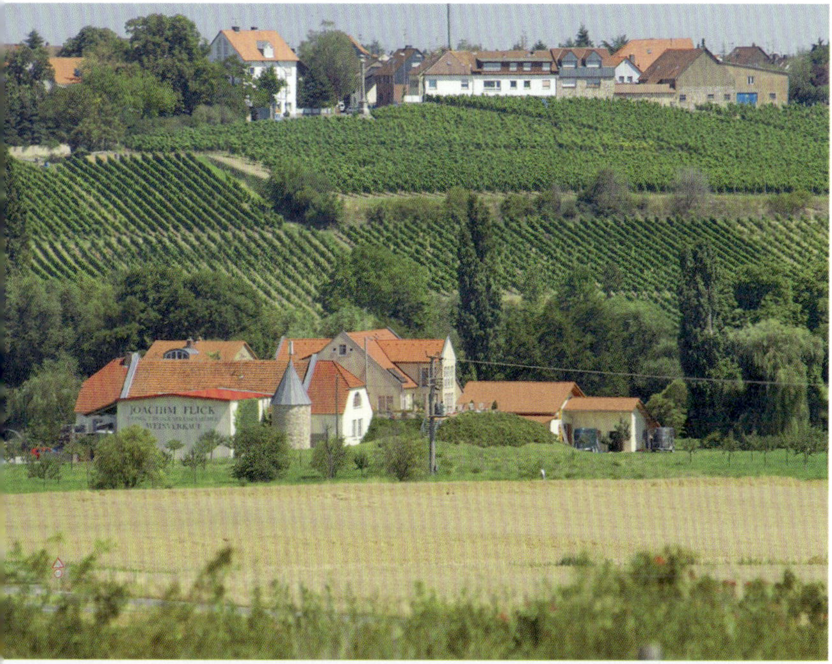
JOACHIM FLICK
WEINVERKAUF

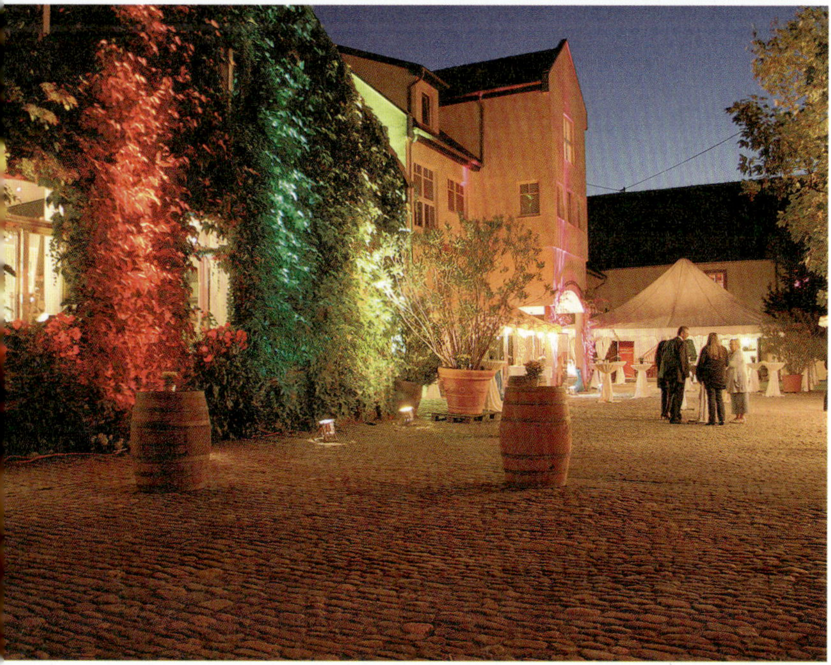

Sinnenfroher Jugendstil

Das Grün leuchtet, das Rot strahlt, und das Gold glänzt geradezu unverschämt. Auch die Jugendstilornamente wollen nicht recht in ein Gotteshaus passen. Man reibt sich verwundert die Augen. Eine Kirche? Noch dazu eine evangelische? Ja! Und eine Mischung aus Leichtigkeit und Festlichkeit, Eleganz und Wärme, die entzückt.

Nicht ohne Grund ist die Lutherkirche in Wiesbaden ein Kulturdenkmal von besonderer nationaler Bedeutung. Denn sie ist eine der wenigen erhaltenen Jugendstilkirchen in Deutschland. Von außen wirkt die weiße Kirche trotz der für den Jugendstil typischen Säulen eher streng, vielleicht sogar abweisend, etwas burgähnlich. 14 Stufen führen unter einem Tonnengewölbe zum Portal. Das Gold lässt das etwas strenge Äußere der Kirche schon vergessen. Nur das blau leuchtende Mosaik mit der Inschrift »Ein feste Burg ist unser Gott« erinnert nochmals an die Architektur. Schon im Vorraum, der Taufkapelle, mischen sich die kostbaren Jugendstilelemente. Was für eine Pracht!

▶ **Die Lutherkirche hat zwei Orgeln und mit ihren Gewölben und Bögen eine gute Akustik. Für Musikfans im Allgemeinen lohnt ein Blick in das Konzertprogramm auf der Website.**

Prof. Friedrich Pützer (1871–1922), der die Kirche erbaute, war ein Darmstädter Architekt und pflegte als solcher enge Beziehungen zur Künstlerkolonie Mathildenhöhe in Darmstadt. So konnte er für die Innengestaltung und Malereien zahlreiche hervorragende Jugendstilkünstler aus dem Frankfurter und Darmstädter Raum gewinnen, die das zentrale Ziel des Jugendstils umsetzten: Schönheit zu schaffen mit an Pflanzen erinnernden Ornamenten oder solchen, die indianischen Masken aus Peru nachempfunden wurden.

Dass sich das Innere der Kirche heute so sinnenfroh präsentiert, ist übrigens nicht selbstverständlich. Mitte der 50er-Jahre des letzten Jahrhunderts wurden die schönen Malereien einfach übertüncht. Erst 1992 hat man sie wieder freigelegt.

Lutherkirche Wiesbaden · Sartoriusstraße 16 · 65187 Wiesbaden
Tel.: 0611 8906730 · www.lutherkirche-wiesbaden.de

Das Entspannen veredeln

Der Name »Therme« leitet etwas in die Irre. Tatsächlich handelt es sich bei diesem Juwel des Jugendstils um die schönste und stilvollste Sauna im Rhein-Main-Gebiet. Und nirgendwo sonst ist das Kaltwasserbecken sinnlicher als in der prächtigen Halle mit Originalfliesen einer früheren Darmstädter Manufaktur.

Von außen mutet der graue, neoklassizistisch anmutende Bau etwas streng an. Doch schon beim Betreten der Therme kann man einen Gang runterschalten und die kunstvoll gestalteten Räume im Eingangsbereich genießen. Zwar stammen die farbig strahlenden Keramiken aus einer ehemals ostpreußischen Manufaktur, doch wecken sie Assoziationen an Pompeji oder Herculaneum. Kostbar sieht das dahinterliegende Erdgeschossvestibül aus, das vom Maler und Innenarchitekten Hans Völcker gestaltet wurde und schon zeigt, wie wunderbar sich in den Kaiser-Friedrich-Thermen Kunst, Gesundheit und Genuss vereinen.

Kein Wunder, dass die Presse 1913 über das Bad jubelte: »So ist denn ein Werk vollendet, das in seiner Art vorbildlich genannt werden muss! Ein Werk, das nicht nur in musterhafter Weise (…) ein Ort der Linderung und Heilung sein wird, sondern auch ein Ort künstlerischer Erhebung und Freude.« Und das ist die Therme auch heute noch. Ein wahres Fest für die Sinne ist die Halle mit dem Kaltwasserbecken. Auf den Friesen sieht man Menschen, die das Leben und ihre Körper genießen. Da wird nach der warmen Aufgusssauna das Abtauchen im Kaltwasser zu einem unglaublich sinnlichen Erlebnis. Schöner kann die Verbindung von Kunst und Gesundheit kaum sein – ein Ziel des Jugendstils ist hier definitiv erreicht!

In den Kaiser-Friedrich-Thermen erwarten die Gäste u.a.: russisches Dampfbad, finnische Sauna, Steindampfbad, Thermalsitzbecken, verschiedene Ruheräume (die ebenfalls mit Originalkacheln gestaltet sind). Weitere Angebote wie orientalisches Rasul, Sandbad und Massagen kann man spontan und unkompliziert dazukaufen.

Kaiser-Friedrich-Therme · Langgasse 38–40 · 65183 Wiesbaden
Tel.: 0611 317060 · www.wiesbaden.de/kft

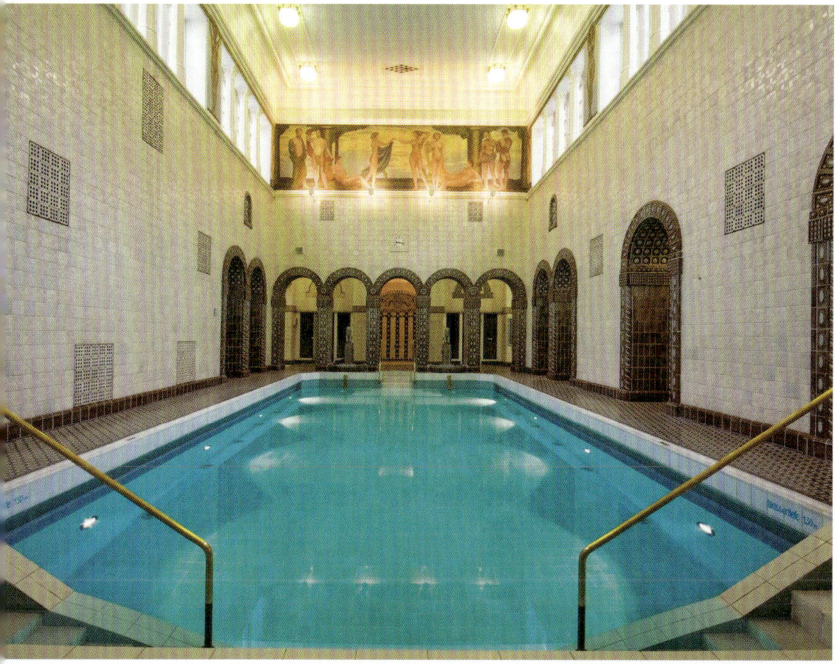

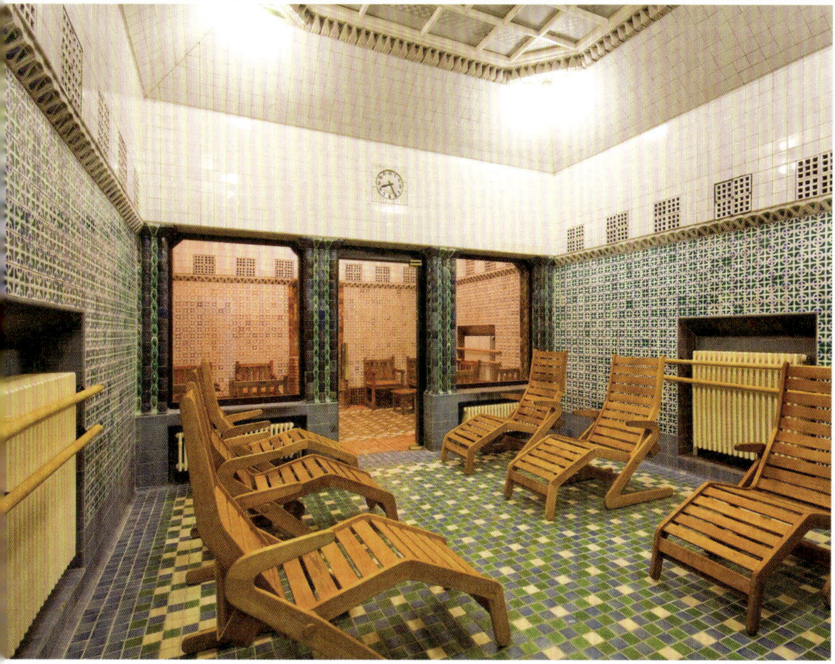

Spielerisch zu Sinnen kommen

93

Auf den ersten Blick könnte Schloss Freudenberg auch ein Museum sein. Doch hier sind das Anfassen und Ausprobieren unbedingt erwünscht. In einem herrlichen Ambiente erlebt man in kürzester Zeit, dass Erfahrung klug macht. Und anders als so manch andere Erfahrungen, die klug machen, machen diese hier auch richtig Spaß.

Viele Sinneseindrücke nehmen wir einfach als gegeben hin und damit fast gar nicht mehr wahr. Da braucht es mal eine sich drehende etwas kippelige Balancierscheibe, um den Gleichgewichtssinn wiederzuentdecken. Aber auch gleichmäßiges Atmen kann man hier erfahren, ausgerechnet unter einem bedrohlich schwingenden Stein kann man zur Ruhe kommen. Manche der Geräusch-, Lichter- und Wassererlebnisse sorgen nicht nur für ungewöhnliche Erfahrungen, sondern manchmal sogar für geradezu philosophische Einsichten und lebenspraktische Erkenntnisse. Wer sich fragt, warum ein anderer auf die eigenen Bemühungen einfach nicht reagiert und auf eigenen Schwung mit Stillstand antwortet, findet bei zwei Metallkugeln die Antwort. Man erlebt geradezu spielerisch, dass solche Verhaltensweisen nichts mit schicksalshafter, unergründlicher zwischenmenschlicher Chemie, sondern allein mit Physik zu tun haben – und dass man unter Umständen durch Ruhe neuen Schwung erzeugen kann.

Schloss Freudenberg geht auf Hugo Kükelhaus (1900–1984) und seine Erfahrungsfelder zurück. Kükelhaus, der glaubte, dass die Sinne durch die moderne Technologie immer mehr verkümmern, konstruierte Geräte zur Reaktivierung der Sinne. »Die Entwicklung des Menschen wird von derjenigen Umwelt optimal gefördert, die eine Mannigfaltigkeit wohldosierter Reize gewährleistet. Ungeachtet der Frage, ob diese Reizwelt von physischen oder sozialen Verhältnissen und Faktoren aufgebaut ist – die Vielgestaltigkeit der Umwelt ist Lebensbedingung.« Wer sich einmal in einer der großen Klangschalen im Schloss in Schwingungen versetzen lässt, spürt am eigenen Körper, was damit gemeint ist. Ein beeindruckendes Erlebnis!

Schloss Freudenberg · 65201 Wiesbaden · Tel. 0611 4110141
www.schlossfreudenberg.de

94 Friedhof als Freizeitpark

Ein Friedhof als Freizeitpark und Naherholungsfläche mit Grillplatz und Klettermöglichkeit? Auf dem 1832 eingeweihten Alten Friedhof in Wiesbaden – der übrigens als einer der schönsten Deutschlands gilt – ist das möglich. Ideal für Eltern: Während die Kinder an der Kletterwand kraxeln, sich an der Seilbahn entlangschwingen oder auf dem Trampolin hüpfen, kann man gemütlich vor der Kulisse historischer Gräber grillen. Herzogin Pauline von Nassau hat hier ein Mausoleum, ebenso die Tochter des russischen Dichters Alexander Puschkin und auch der Geheime Hofrat und Chemiker Carl Remigius Fresenius, der das Institut Fresenius gründete.

Freizeitpark Alter Friedhof · Platterstraße · 65193 Wiesbaden
Tel.: 0611 312901 · www.wiesbaden.de

95 Heimeliges Treibhaus

Der Biergarten des 1911 als Gärtnerhaus errichteten Treibhauses hat heimeliges Ambiente. Lampen in Bäumen und Sträuchern verbreiten abends ein Licht, wie man es aus Omas Wohnzimmer in den 1960er-Jahren kennt. Seit das Treibhaus, das einige Zeit geschlossen war, 2009 von neuen Besitzern wiedereröffnet wurde, haben sich die selbst gemachten Klarenthaler Fritten mit der hauseigenen Würzmischung und leckerem Dip sowie der Wild-Bratwurst oder Spareribs rasch zum Renner entwickelt.

Durch das kleine Naherholungsgebiet Wellritztal kann man wunderbar spazieren. Zurzeit wird an der Renaturierungsmaßnahme »Landschaftspark« gearbeitet, sodass die grüne Oase etwas Idylle einbüßt.

Das Treibhaus · Klarenthaler Straße 127 · 65197 Wiesbaden
Tel.: 0611 5828289 · www.treibhaus-wiesbaden.de

1868—1882

Sein Weitblick
prägte
Wiesbaden

1997

WILHELM LANZ
Oberbürgermeister
von Wiesbaden
geb. 4. Juni 1873, gest. 7. Mai 1882

Geschichten vom stillen Örtchen

Seit 2011 muss die Frage nach der bedeutsamsten Rolle im Leben und dem wichtigsten Geschäft des Tages neu beantwortet werden. Denn seitdem gibt es im feinen Wiesbaden ein Museum in einem alten, umfunktionierten Pfarrhaus, in dem man unglaubliche Antworten auf diese Fragen findet.

Ein Colosseum kennt man. Aber ein Klooseum? Ja. Gibt es. Das ist ein Museum, in dem man mehr als 1200 Exponate rund ums stille Örtchen findet – von witzigen Klobrillen über ulkige Bürsten bis hin zu unzähligen unterschiedlichen frechen und erheiternden Klopapierrollen. Ein Museum of »Modern Arsch«. Tatsächlich: Irgendwo sitzt Rodins Denker, woanders lächelt schon ziemlich alt Mona Lisa – also doch irgendwie auch Kunst. Und hat nicht erst 2012 mit Peter Handke einer der wichtigsten deutschsprachigen Autoren »Versuch über den Stillen Ort« geschrieben? Bei Handke steht das Klo gleich welcher Art für Zurückgezogenheit. Und auch Klooseum-Gründer Michael Berger findet, dass man sich unbedingt Zeit fürs Klo nehmen sollte. Aber er weiß auch, dass die meisten ihr Geschäft mal so rasch nebenher erledigen wollen.

Wie andere Museen hat dieses bei allem Witz und aller Frechheit doch auch aufklärerische Gedanken. Nicht nur weil Berger »dunkle Materie« in seinem Klooseum ans Licht bringen und dieser Materie »wieder eine Ehre« zurückgeben möchte. Nein, beim Gang durch die Räume, 13 Stationen dringende Bedürfnisse, stille Örtchen, Gase, Kot in Goldform – entlang all dessen, was wir Menschen so zu uns nehmen (erstaunlich oft ist Wurst zu sehen), durch ein Zimmer, das gewissermaßen den Verdauungsakt simuliert, oder einem Bild, das den Menschen als Industriepalast zeigt –, wird deutlich: Verdauung ist das halbe Leben. Und, egal, ob zu schnell oder zu langsam, zu viel oder zu wenig: Sie ist verdammt wichtig für die Gesundheit. Schließlich können wir doch alle froh sein, dass die Klos in Deutschland sind, wie sie sind, und wir nicht irgendwo auf die Straße machen müssen.

Klooseum · Wandersmannstraße 2b · 65205 Wiesbaden
Tel.: 0611 740 01 · www.klooseum.de

97 Die Härten des Mönchseins spüren

Keine Frage: Wenn es warm ist, ist es herrlich im Kloster Eberbach. Aber auch im Winter lohnt eine Fahrt in den Rheingau. Denn wenn man im berühmten Mönchsdormitorium selbst etwas bibbert und die Füße kalt werden, bekommt man erst wirklich ein Gefühl dafür, wie hart das Leben der Mönche einst gewesen sein muss.

Im Winter, wenn es dunkler ist und die Bäume kahler sind, erfährt man schon auf den letzten Metern vor dem Kloster Eberbach, dass sich ein typischer Ort für ein Zisterzienserkloster etwa so anfühlt, als erreiche man das Ende der Welt – zumindest das Ende eines Tals. Kein Wunder: Die asketischen Zisterzienser durften früher ihre Klöster nicht verlassen, Ablenkung war nicht gewünscht. Ihr Leben bestand aus Arbeiten und Beten – wie eine Tafel zum vorgeschriebenen Tagesablauf im Kloster zeigt. Sogar beim Essen sprachen die Mönche praktisch nicht miteinander, meistens las jemand vor.

▶ Die Innenaufnahmen zum Film *Der Name der Rose* wurden im Kloster Eberbach gedreht. Einmal im Jahr wird der Film in der Kirche gezeigt. Aber auch für eine Weinprobe ist das Kloster ein toller Ort.

Auch sieht man im Winter, wenn kein Laub die Sicht begrenzt, besonders schön, dass die Zisterzienser stets feuchte Niederungen suchten, die auch im Sommer bei großer Hitze nicht austrockneten. Denn anders als die sich meist auf Bergen ansiedelnden Benediktiner schafften es die Zisterzienser, das Wasser geschickt für ihre Zwecke zu nutzen (Trinkwasser, Abwasser und später für kurze Zeit auch zum Kornmahlen). Nur an Unterkellerungen war bei diesen Lagen nicht zu denken. Deshalb befindet sich auch der Weinkeller des Klosters Eberbach ungefähr auf der Höhe des Klostergartens. In den letzten Jahren wurden die Außenanlagen des Klosters nach den Prinzipien der Zisterzienser umgestaltet, damit auch hier dem Besucher die schlichte Klarheit des zisterziensischen Weltbildes vermittelt wird. So versteckt sich die Klosterschenke nun nicht mehr hinter einer Fichte, aber auch Wege- und Sichtbeziehungen wurden geöffnet.

Kloster Eberbach · 65346 Eltville am Rhein · Tel.: 06723 9178100 · http://kloster-eberbach.de/

Kunst im Weinkeller

2003 erfüllte sich Peter Winter den Traum vom eigenen Weingut. Damit war die Georg Müller Stiftung in Hattenheim nicht mehr länger das Weingut der Stadt Eltville am Rhein. Und die Wiesbadener Galerie, die Winter mit seiner Frau betreibt, nicht mehr der einzige Ort, an dem er zeitgenössische Kunst zeigt.

Blau fluoreszierende Silikonzapfen von Ulli Böhmelmann hängen wie leuchtende Stalaktiten im Gewölbekeller, an anderer Stelle ein Bild des Malers Bernd Zimmer, das von hinten beleuchtet wird und eigens für diesen Keller geschaffen wurde. Aber auch eine Installation von Sofi Zezmer oder Klangschalen und Steinskulpturen von Livia Kubach und Michael Kropp sind hier zu sehen. In dem mehr als 250 Jahre alten Weinkeller, den ein herbwürziger Geruch durchzieht, kann man eine gelungene Mischung aus Installationen, Lichtobjekten, zeitgenössischen Skulpturen sowie Malerei und historischem Ambiente erleben. Dabei leuchten die Farben manchmal vor riesigen dunklen Weinfässern.

▶ **Riesling probieren! Erst 2012 gewann das Unternehmen die Trophy der Deutschen Botschaft Australiens für den besten Riesling des Wettbewerbs Canberra International Riesling Challenge.**

Einige Kunstwerke müssen hinter Glas bleiben, da der unterirdische Ausstellungsraum so feucht ist. Auch die Temperaturen zwischen 12 und 17 Grad sind eine Herausforderung für Künstler und Aussteller.

Ein Drittel des insgesamt rund 1100 Quadratmeter großen, weitverzweigten Gewölbekellers nimmt das Weingut für seine Weine ein. Der Rest wurde zu einer Galerie umfunktioniert.

Die Weinberge des Weingutes – Schützenhaus, Wisselbrunnen, Engelmansberg, Hassel und Nussbrunnen – bringen vor allem Riesling hervor, aber auch Rivaner, Spätburgunder oder Ehrenfelser. Dass das Weingut Georg Müller Stiftung zum Verband Deutscher Prädikats- und Qualitätsweingüter gehört, bürgt nicht nur für Qualität, sondern auch für umweltschonende Weinbergspflege.

Weingut Georg Müller Stiftung · Eberbacher Straße 7–9 · 65347 Eltville-Hattenheim
Tel.: 06723 2020 · www.georg-müllerstiftung.de

Weihnachten international

Im Krippenmuseum in Hadamar wird die Erkundung der Weihnachtsgeschichte zu einer Weltreise, die Jesus, Maria und Josef in bisweilen überraschender Kleidung und in erstaunlichem Ambiente zeigt. Charmant und fantasievoll setzen sich einige der Krippen über die überlieferten Gegebenheiten um Christi Geburt hinweg.

Beim Gang durch die Räume des Krippenmuseums kann man nur staunen, wie unterschiedlich die Krippen aus aller Welt aussehen und was sie alles erzählen! In Korea tragen Maria, Josef, Jesus und die Könige Seidengewänder in leuchtenden Farben; in Peru, dem Land mit der reichsten Krippenkultur Südamerikas, haben alle Figuren Chullos, die landestypischen Wollmützen, auf dem Kopf. Und manchmal ähnelt die Unterkunft sogar einem Palast. Die Geschichte mit dem Stall rührt ja ohnehin nur daher, dass es heißt, Jesus sei in eine Krippe gelegt worden.

Fast wie in einem Märchen aus 1001 Nacht wähnt man sich angesichts der bunten und reich mit Gold verzierten Pracht, wenn man die polnische Szopka betrachtet. Dabei heißt *szopka* eigentlich Schuppen oder Hütte. Mit der Szopka hat sich in Krakau eine regionale Tradition gebildet: Die Weihnachtsgeschichte wird in eine nachgebaute Kirchenfassade hineinkomponiert, für die die Hauptkirche St. Marien in Krakau Modell stand. Der Hadamarer Pfarrer Dieter Lippert erzählt: »Jedes Jahr in der Adventszeit wird in Krakau ein Wettbewerb mit Ausstellung in der mittelalterlichen Markthalle von Krakau veranstaltet, wo es darum geht, die schönste und größte Szopka des Jahres zu bauen.« Das Material ist dann erstaunlicherweise wieder relativ bescheiden: Karton, Holzleisten und farbiges Stanniolpapier.

Übrigens ging es Lippert wie Maria und Josef in der Weihnachtsgeschichte: Nach langem Suchen fand er 2012 für seine Sammlung mit mehr als 850 Krippen aus aller Herren Länder eine feste Bleibe – in einem Haus, das einst einem Stallmeister gehört hatte.

Krippenmuseum Hadamar · Schlossplatz · 65589 Hadamar
Tel.: 06435 5481532 · www.krippenausstellung-hadamar.de

Peruanische Handarbeit.
Figuren in Tracht.

Register

Kunst und Kultur

Entspannung

Verantwortlich: Ulrich Jahn
Lektorat: Linde Wiesner, Pullach
Korrektorat: Anke Höhne, München
Satz/Layout: graphitecture book & edition, Bernau
Repro: Repro Ludwig, Zell am See
Umschlaggestaltung: Karin Vollmer, München
Kartografie: Kartografie Huber, Heike Block, München
Herstellung: Bettina Schippel
Printed in Slovenia by Korotan

★ ★ ★ ★ ★

Sind Sie mit diesem Titel zufrieden? Dann würden wir uns über Ihre Weiterempfehlung freuen.
Erzählen Sie es im Freundeskreis, berichten Sie Ihrem Buchhändler, oder bewerten Sie bei Onlinekauf.
Und wenn Sie Kritik, Korrekturen, Aktualisierungen haben, freuen wir uns über Ihre Nachricht an Bruckmann Verlag, Postfach 40 02 09, D-80702 München oder per E-Mail an lektorat@verlagshaus.de.

Unser komplettes Programm finden Sie unter  www.bruckmann.de

Alle Angaben dieses Werkes wurden von den Autoren sorgfältig recherchiert und auf den neuesten Stand gebracht sowie vom Verlag geprüft. Für die Richtigkeit der Angaben kann jedoch keine Haftung übernommen werden.

Die Deutsche Nationalbibliothek verzeichnet diese Publikation in der Deutschen Nationalbibliografie; detaillierte bibliografische Daten sind im Internet über http://dnb.d-nb.de abrufbar.

Bildnachweis: Alle Bilder von Astrid Biesemeier, Frankfurt, außer: Frank Seifert: S. 12; Wonge Bergmann: S. 12 o.; Birgit Hupfeld/Schauspiel Frankfurt: S. 12 u.; Minigolf in der Zweilgalerie: S. 15; David Schommer/klapperfeld.de: S. 16; Christopher Schmidt: S. 19; Harry Traenkner: S 19; Bernd Fickert S. 27; Freitagsküche: S. 28; picture alliance / dpa: S. 30, 118, 130; Kino Mal Sehn: S. 47; Daniel Esswein: S. 61; Antagon S. 69; Marcel Muench/F.Hoppe: S. 69; Gerhard Thomas Baier, FFM: S.73; Norbert Miguletz: S. 81; 85; Colekt: S. 86; 2011 Infraserv GmbH & Co. Höchst KG: S. 97; Filmtheater Valentin: S. 98; Alexander Piesenecker: S. 102; Dottenfelder Hof S. 104, 105; anweber/shutterstock.com: S. 106; Winfried Eberhardt: S. 108; Katja Augustin S. 112; omron_pixelio.de: S. 114; Alexander Zickendraht, Hanau: S. 123 o.; Mirjam Hiller: S. 123 u. Cornerstone_pixelio.de: S. 125; Jürgen Mai: S. 137(u.); Bioversum: S. 137; Deutsches Elfenbeinmuseum Erbach: S. 145; Stadt Oppenheim: S. 153; Kupferberg Kellerei: S. 154; Anja Gockel: S. 157; Bernd Bast / pixelio.de: S. 158; Anna Kubach-Wilmsen: S. 175; Treibhaus, Wiesbaden: S. 168; Robert Dieth 171 o.; Reiner Flick: 171 u.; Andreas Schlote: S. 175; Treibhaus, Wiesbaden: S. 179 u.; Horst Ziegenfusz S. 180, 182; Weingut Georg Mueller Stiftung: S. 186; Foto Lippert: S. 189; [CC-BY-SA-3.0 (http://creativecommons.org/licenses/by-sa/3.0)], via Wikimedia Commons: Dietrich Krieger S. 146; Oliver MZ: 161; Brühl: S. 172; Arcalino: S. 176; SBT: 179 o,.)

Umschlagvorderseite: Hundertwasserhaus Darmstadt (Scotshot/shutterstock.com); Schattenriss des Hammering Man in Frankfurt (Main)

© 2014 Bruckmann Verlag GmbH

ISBN 978-3-7654-6976-3